왜 법이 문제일까?

10대에게 들려주는 법 이야기

김희균 지음

왜 법이 문제일까?

반니

우리는 약점과 실수로 가득 차 있다.
서로의 어리석음을 용서하자.
이것이 자연의 첫 번째 법이다.

공정한 법

    나는 아버지의 바람대로 법과대학에 들어갔지만, 사법시험 공부 대신 다른 일에 시간을 보냈다. 시를 쓰기도 하고 극단 생활도 했다. 졸업하고는 1년 가까이 여행을 했다. 그러다 1995년 프랑스 리옹을 거쳐 클레르몽페랑이라는 작은 도시에서 유학생활을 시작했다. 그때는 프랑스 소설을 읽는 게 가장 큰 즐거움이었다.

    프랑스에서 나를 가르쳐 주신 분은 클로드 무샤르라고 하는 시인이자 파리 8대학 교수님이었다. 클로드 교수님은 서른 살이 다 된 가난한 유학생에게 커피도 사 주고 근사한 식당에도 데려가 주었다. 함께 오를레앙행 기차를 기다리며 들려주던 이야기를 지금도 잊을 수 없다. 하루는 교수님이 "너는 법대를 나왔으니 미국에 가서 변호사 자격증을 따 오는 게 어떠냐?"라고 제안하셨다. 그러면 파리에 있는 국제기구에서 일자리를 얻고 안정적인 환경에서 문학 공부를 계속할 수 있지 않을까 생각했다. 참으로 순진한 생각이었다. 교수님도 나도 세상살이에 그다지 노련하지 못했다. 반쯤 떠밀려 미국으로 떠난 나는 다시는 프랑스로 가지 못했고, 문학과도 멀어졌다. 그리고 결국 법학과 교수가 되었다.

내가 법 공부를 제대로 하기 시작한 것은 2005년 교수로서 강의를 하면서부터였다. 대학 시절 학과 공부에 소홀했던 탓에 나의 교수 노트에는 학생들에게 전달해 줄 게 별로 없었다. 그래서 더더욱 열심히 책을 찾아보고, 인터넷 강의를 듣고, 판검사들을 찾아다니고, 이런저런 자료를 뒤졌다. 수업에 들어가는 날은 긴장한 탓에 아침부터 소화가 되지 않았다. 그 긴장병을 고치는 데 10년 넘게 걸렸다. 그사이 나는 법학전문대학원 교수로 자리를 옮겼고, 지금은 서울시립대학교에서 형법과 형사소송법을 가르치고 있다.

사람은 누구나 타고난 능력이 비슷하다. 포유류 동물과 비교해 봐도 사람 개개인의 능력 차가 얼마나 작은지 알 수 있다. 가장 빠른 동물은 가장 느린 동물과 그 차이가 많게는 열 배 이상 난다. 힘이 가장 센 동물과 가장 약한 동물의 차이는 그보다 더 날 수 있다. 뇌의 크기도 마찬가지다. 지능이 가장 높은 동물과 낮은 동물의 차이는 어마어마하다. 하지만 인간은 다르다. 세상에서 가장 빠른 사람과 느린 사람의 차이는 아무리 크게 잡아도 두 배 정도다. 지능 차이도 몇 퍼센트에 불과하다. 물론 장애가 있는 사람과 없는 사람 간에는 더 큰 차이가 나겠지만, 대부분의 사람은 비슷한 능력을 타고났다. 그리고 한평생 살아가는 시간도 거의 비슷하다.

그렇지만 세상을 살아가는 모습에는 큰 차이가 난다. 돈을 많이 벌어서 화려한 집에 사는 사람이 있는가 하면, 끼니를 때우는 것조차 어려운 사람도 있다. 그 차이는 똑같이 부여받은 시간 안에서 얼마나 노력하며 살았는지, 얼마나 게으르게 살았는지 정도에 따라서 갈린다고 본다. 이런 점에서 보면 사람은 평등하게 태어나서 불평등하게 살아갈 운명에 처해 있다고 말할 수 있다.

만약 노력의 차이 외에 또 다른 차이가 있다면, 사람의 '불평등지수'는 훨씬 더 높아질 것이다. 예를 들어 부정 부패를 저질러 큰돈을 벌거나, 가격담합으로 부당한 이득을 얻거나, 친분을 이용해 비리를 저지르는 사람들이 있다고 치자. 그런 행위를 하는 사람이 많을수록 타고난 능력이나 노력의 차이 이상으로 우리 삶의 수준은 많은 차이가 날 것이다. 같은 일을 해도 누구는 큰돈을 끌어모으고, 누구는 평생 자기 집 한 채 갖지 못할 것이다. 그런 현상이 심해진다면 열심히 노력하며 능력을 키운 사람들이 게으르고 무능한 사람보다 오히려 더 못사는 세상이 될 수도 있다.

그런 불평등을 없애고 살기 좋은 세상을 만드는 것이 바로 법의 임무라고 생각한다. 부정과 부패, 담합과 친분이 지배하는 세상이 아니라 성실하고 유능한 사람들이 잘사는 세상을 만들어야 한다. 아리스토텔레스의 말처럼 누구나 자신의 능력과 시간, 열의, 의지에 따른 수확을 얻어 가는 사회 말이다. '법이 지배하는 사회'라고 헌법이 선언하는 것도 결국 '노력하는 만큼 대우받는 사회'를 이루어 가겠다는 뜻이다. 금융실명제, 부동산실명제, 청탁금지법 등을 시행한 것도 바로 그런 사회를 만들기 위한 노력 중 하나였다.

법이 그렇게 우리 사회 질서를 든든히 지키고 있을 때 사람들은 어렵고 힘든 가운데서도 살아갈 힘을 얻는다. 아무런 생산성도 없는 사법제도를 유지하는 데 엄청난 자금을 투자하는 것은 그 때문이다. 법이 공정한 규칙을 만들고 공정한 사회 질서를 만들어 갈 거라는 사람들의 믿음 때문이다. 만일 법질서가 무너진다면 너무나 공포스럽고 외로운 사회가 될 것이다.

한때 법은 상류사회로 가는 열쇠와도 같았다. 그래서 내 아버지뿐만 아니라 과거의 많은 부모들이 자식을 판검사로 키우는 게 간절한 소망이었다. 법은 확실히 특별한 지식에 속한다. 법 지식을 갖추었다는 것만으로도 명망 있는 직업을 갖고 비교적 풍족한 삶을 누릴 수 있다.

그런데 우리가 꼭 기억해야 할 점이 있다. 현재 시행 중인 법이 모두 바람직한 법은 아니라는 것이다. 흠결도 많고, 부당한 법도 있으며, 심지어 잘못된 법도 많다. 법의 흠결을 고치는 것 역시 법을 아는 사람들이 해야 할 일이다. 수정한 법안이 설령 자신에게 불리하게 작용한다 해도 법을 고치는 데 주저해서는 안 된다. 바로 그것이 온 국민이 법조인들에게, 그리고 법 공부를 하는 젊은이들에게 바라는 바일 것이다. 법을 알아서 혼자만 잘살 게 아니라 모두가 잘사는 정의로운 사회를 만들어 달라는 것 말이다.

내가 스무 살을 훌쩍 넘긴 나이에 유학을 가겠다고 했을 때 아버지는 기도 안 찬다는 듯이 이렇게 대꾸하셨다.

"공부도 못하는 놈이 무슨 유학이야?"

"공부를 못하니까 가겠다는 거잖아요!"

"이놈의 자식이 얻다 대고 말대꾸는!"

아버지에게 그렇게 한 대 쥐어박히던 때가 그립다.

아무 재주 없는 사람들이 하는 게 공부다. 그중에서도 법 공부는 재주 없고 고리타분한 사람들이 하는 공부라는 선입견이 강하다. 그러나 실은 패기 있는 젊은이들의 참여가 절실한 곳이 바로 법률 분야다. 부디 많은 젊은이들이 법의 길로 들어와 '고리타분한 법조인'이라는 이미지를 무너뜨려 줬으면 좋겠다. 젊은이들의 용기와 도전정신으로 현실에 맞지 않는 법의 흠결들을 과감히 수정하고 정의로운 사회를 앞당기는 데 한몫해 주었으면 좋겠다.

차례

1

법 없이는
살 수 없는
이상한 생명체

법 없이도 사는 사람은 없다 

  미국 인디애나주의 도시 게리(Gary)에서는 마늘을 먹고 네 시간 안에 대중교통을 이용하면 벌금을 물린다. 그곳에서는 마늘 냄새를 다른 사람에게 풍기는 게 범죄다. 아칸소주에서는 남편이 한 달에 한 번 아내를 때려도 되며, 미시간주에서는 아내의 머리카락이 법적으로 남편의 소유물이다. 아이오와주에서는 키스 시간이 5분을 넘어서면 안 되며, 플로리다주에서는 수영복 차림으로 대중 앞에서 노래하는 걸 금지한다. 또 뉴저지주에서는 경찰에게 얼굴만 찌푸려

도과태료가 부과된다. 이 모든 게 법에 쓰여 있는 내용이다.

세상의 많은 법 중에는 우리가 상상할 수 없는 괴상한 법들이 많다. 그런 '바보 같은 법'을 모아놓은 웹사이트(www.idiotlaws.com)가 있으니 한번 들어가 보기 바란다. 과연 이런 것까지 법으로 만들 필요가 있을까 하고 고개가 갸웃해질 것이다. 특히 미국에 그런 법이 많은데 사실 우리나라라고 안심할 일은 아니다. 우리나라에도 외국인들이 도저히 이해할 수 없는 법이 있다.

2014년부터 우리나라는 '공교육 정상화 촉진 및 선행교육 규제에 관한 특별법'에 따라 학교나 학원에서 하던 선행학습을 금지하고 있다. 즉 정상적인 교육과정보다 높은 수준의 학습인 선행학습을 하는 게 법으로 금지돼 있다. 치열한 교육경쟁 속에서 많은 학생이 선행학습을 하다 보니 정상적인 학교 교육이 흔들리고 있는 게 현실이다. 흔들리는 학교 교육을 정상화하고 건전한 교육 사회를 만드는 게 바로 이 법의 목적이다.

그런데 이런 법이 있다는 게 알려지면 외국 사람들은 깜짝 놀랄 것이다. 많은 중학생이 벌써 고등학교 과정을 공부한다는 것도 놀라운데, 그걸 법으로 금지해야 할 만큼 문제가 심각하다니! '한국엔 희한한 법도 다 있네!'라는 소리가 당장이라도 들려올 것 같다.

한편, 서울에는 30칸 이상의 주차장을 설치하려면 반드시 '여성 전용 주차장'을 두어야 한다는 규정도 있다. 그것도 아무 위치에나

두면 안 된다. '주차장 출입구'나 '주차 관리원과 근접해 접근성, 이동성, 안전성이 확보되는 장소'에 설치해야 하며, 그 밖에도 여러 조건이 있다. '장애인 주차 구역 다음으로 근접한 곳'이어야 한다는 구체적인 조건이 따르기도 한다. 장애인 다음으로 여성을 우대하는 정책 중 하나다.

이에 대해 여성을 '우대'하는 게 아니라 오히려 '차별'하는 정책이라고 생각하는 외국인들이 있다. 또 일부 여성들에게는 이 법이 기분 나쁘게 받아들여질 수도 있다. '여성은 주차할 때도 특별보호가 필요한 약자인가?'라는 생각 때문이다. 주차장에서 여성에 대한 범죄 행위가 잦다면 CCTV나 보안요원을 늘리는 등의 방법으로 해결해야지, 여성 전용 주차장을 설치하는 건 적절한 해결책이 아니라고 본다. 외국인들이 일반적으로 생각하는 방법은 아니다.

여성 전용 주차장에 대한 규정을 어겼다고 해서 처벌을 받지는 않는다. 즉 아직까지 법적으로 제재를 받는 정책은 아니다. 앞으로 과태료나 벌금 부과 같은 제재 규정까지 둔다면 우리나라는 '여성 전용 주차장법'이 만들어진 최초의 나라가 될 것이다. 이 역시 많은 외국인에게 화젯거리가 될 게 틀림없다.

이처럼 법은 나라마다 매우 다양하다. 음식이나 예법, 풍습 등이 나라마다 다르듯이 이에 따라 법의 내용도 달라질 수밖에 없다. 게다가 법은 각 나라마다 다른 현실 위에 있다. 땅이 넓은 나라에서는 사람이 통행하는 데 별다른 규제가 필요 없지만, 땅이 좁은 나라에서는 반드시 규제가 필요하다. 예를 들어 몽고 벌판에선 '우측 통행' 표지판이 필요 없지만, 지하철 계단에선 그런 규제가 없으면 서로 부딪치는 사고가 끊이지 않을 것이다. 법이란 결국 우리가 살아가는 세상을 비추는 거울이다.

법이 없는 사회는 없다. 일찍이 이 점을 간파한 인물이 바로 철학자 칸트다. 칸트는 세상에는 두 가지 법이 있다고 했다. 하나는 '자연법칙으로서의 법'이다. 즉, 물이 아래쪽으로 흐른다거나 달이 차면 이지러지는 것과 같은 자연현상의 법칙이다. 이것은 인간의 힘으로는 어떤 변화도 줄 수 없는 법칙이다. 인간 역시 하나의 자연 생명체로서 자연법칙에 따라 살아갈 뿐이다. 다만 인간은 다른 생명체들과 달리 자연법칙 외에 또 하나의 법을 만들고 살아간다. '인간의 법'이 그것이다.

우리 생활 곳곳에는 무수히 많은 인간의 법이 작동하고 있다. 아침에 일어나 학교에 갈 때부터 하루 일과를 마치고 잠이 들 때까지, 심지어 잠을 잘 때도 인간의 사회는 많은 법에 의해 움직이고 있다. 게다가 그 법은 인간의 수만큼이나 많은데도 매일 새로운 법이 생겨난다. 생겨나서 사회를 움직이다가 바뀌거나 없어지거나 새로운 모습으로 재탄생하기를 반복한다. 칸트는 이 점을 정확하게 읽어냈다. 인간은 법을 만들어 살아가는 이상한 생명체다.

도대체 왜 법을 만드는 것일까?

이 질문에 대해서는 철학자이자 법학자인 토마스 홉스(1588~1679)가 답을 제시한 적이 있다. 홉스는 종교전쟁의 혼란 속에 태어나 평생 독신으로 살면서 '어떻게 하면 인간이 평화롭게 공존할 수 있을까?'라는 문제로 고민했다. 그는 인간은 본질적으로 탐욕적이고 이기적이기 때문에 강자는 약자를 짓누르며 살아간다고 했다. 그렇기 때문에 끊임없이 싸움이 일어날 수밖에 없다.

그 싸움을 끝내는 방법은 힘이 막강한 자에게 나머지 사람들이 굴복하고 그의 보호를 받으며 살아가는 것이다. 그것이 바로 절대군주가 지배하는 세상이다. 절대군주는 사람들의 요청에 따라 권력을 잡은 다음 법을 선포한다. 그때부터 군주의 허락 없이 남의 물건을 빼앗거나 남의 목숨을 해치는 자는 징계를 면치 못한다.

홉스의 설명에 따르면 법은 결국 평화를 누리기 위한 수단이다. 만인 대 만인이 서로 투쟁하며 살다가 이러다간 모두 멸망하리라는 걸 깨닫고 법을 만들었다는 것이다. 법을 지키려면 자유 일부를 포기해야 하지만, 그 대신 얻을 수 있는 평화의 가치는 매우 크다. 인간에게 작은 자유를 뺏는 대신 큰 평화를 주는 것, 이것이 바로 법의 원리다.

만약 법이 없다면 이 세상은 어떻게 될까?

마늘을 먹고 바로 버스에 올라탄 사람 때문에 숨 쉬기가 곤란하

토마스 홉스의 책 《리바이어던(Leviathan)》(1651)에 실린 삽화. 이 책에는 만인 대 만인으로 싸우며 살아가는 자연 상태의 인간 존재에 대한 이야기가 실려 있다. '리바이어던'은 《구약성서》에 나오는 거대한 바다 동물 이름이다.

다면? 우측 통행 계단에서 좌측 통행자들 때문에 자꾸 부딪치는 일이 발생한다면? 여성들이 어느 쇼핑몰에 갔다가 구석진 주차 구역에 주차하기가 무서워 쇼핑을 포기한다면?

이 정도의 문제점 때문이라면 굳이 그렇게 많은 법을 만들지 않았을 것이다. 인간은 살아남기 위해서 법을 만들었다. 법이 없으면 삶을 유지하기가 매우 어렵다. 더욱이 힘이 약한 자들은 강자들에게 짓밟혀서 살아남을 확률이 거의 없다. 나중에는 사기꾼과 강도, 부랑아 같은 사람들만 득실거리는 세상이 될 것이다.

아무리 납득하기 어려운 법이라도, 아무리 거추장스운 법이라도 법은 모두 인간의 삶을 위한 것이다. 법 없이는 인간도 없다. 법 없이 살아가기엔 세상은 너무 위험하고 인간은 너무 나약하다.

법이란 무엇일까? 

도대체 법이란 무엇일까? 인간의 수만큼이나 많은 법이 있다고 할 때 그 법이란 형법이나 민법 같은 법률을 말하는 것일까? 법과 도덕은 무슨 차이가 있을까? 기독교에서 말하는 십계명과의 차이는? 이제 이런 의문점에 대해서 차근차근 생각해 보자.

라드브루흐(1878~1949)라는 유명한 법학자가 있다. 그는 평생 법 공부만 했는데 생의 막바지에 이런 결론에 도달했다. "법이 뭔지 잘 모르겠다." 위대한 법학자도 이런 말을 할 정도로 법이란 따지고 들면 들수록 모호한 면이 있다.

우리나라 법에는 '헌법', '법률', '명령(시행령, 시행규칙)' 등이 있다.

대한민국 최고의 법인 헌법은 1948년 제정됐고, 최근까지 아홉 차례에 걸쳐 개정돼 총 130개 조문을 갖고 있다. 헌법에는 우리가 대한민국에서 인간적인 삶을 살기 위한 권리와 의무 등 기본적인 내용이 담겨 있다. 가령 사람은 자유롭고 평등할 권리, 행복을 추구할 권리 등이 있다. 헌법에서 국민의 기본권을 그렇게 정의해 놓았다. 그리고 국민의 기본권 위에 국가를 얹어 놓았다. 헌법은 국가를 다스리는 기본 방침으로, 국민의 권리와 의무, 통치기구의 조직 등이 헌법에 규정돼 있다.

헌법을 정리해 책으로 엮어 놓은 헌법서는 몇 쪽 되지 않지만, 헌법이 없이는 우리 사회가 유지될 수 없다. 그래서 헌법을 '최고 법'이라고 하며, 헌법 아래로 현재까지 총 1,500여 개의 법률을 만들어 시행하고 있다. 법률은 우리가 조금만 활동해 보면 바로 만날 수 있다. 예를 들어 버스를 타면 '여객운송에 관한 법률'을 만나고, 교통카드 단말기에 교통카드를 대면 '민법'이 작동한다. 버스에서 내려 찻집으로 들어가면 '건축법'과 '유통산업진흥법'을 만나고, 친구들과 학업에 대해 얘기하면 '고등교육법'과 '대학등록금에 관한 규칙'

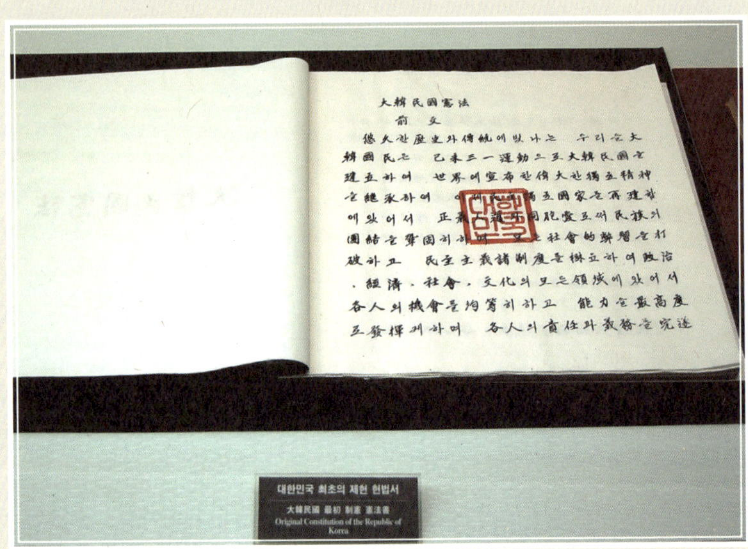

대한민국 최초의 제헌 헌법서

을 만나게 된다. 영화 관람 계획을 세우면서 '영화 및 비디오물의 진흥에 관한 법률'과 '저작권법', '실내공기질 관리법'을 만나고, 식사를 하러 고깃집에 들어가면 '가축 및 축산물 이력관리에 관한 법률'과 '산업안전보건 기준에 관한 규칙'을 만나고, 길을 건너다 차에 치이기라도 하면 '교통사고 처리에 관한 특례법'을 만난다.

법률은 우리 생활 곳곳에서 맞닥뜨릴 수밖에 없다. 굳이 피하고 싶으면 사람이 없는 지역으로 가면 된다. 완전히는 아니더라도 많은 법률을 피할 수 있을 것이다. 가령 통신이 두절된 깊은 산속으로 가면 '산림법'이나 '자연보호법' 정도만 알면 된다. 단, 산속에서 자급자족하며 홀로 살아간다는 전제 하에서 말이다. 하지만 산속에서도 죽음을 맞이하는 순간 여러 개의 법이 들이닥친다. 장례와 상속 같은 문제를 처리하면서 '민법'과 '장사 등에 관한 법률'이 적용되고, 만일 부검이 필요하다면 '형사소송법'에 따라야 한다.

1,500개나 되는 법률을 모두 모아 놓으면 두꺼운 책으로 50권 정도 된다. 그러나 이걸로도 우리 삶의 문제를 다 해결할 수 없다. 법률서에는 단지 대강의 요점만 적혀 있을 뿐이다. 예컨대 건축에 대해서도 "건축을 하려면 허가를 받아야 한다"라고만 쓰여 있다. 언제, 어디로 가서, 어떤 허가를 받아야 하는지 등등의 구체적인 내용은 법률에서 다 정할 수 없다. 그래서 '위임법'에 따라 그 일을 위임하며, 위임의 결과 만들어진 것이 '시행령'이다. 다시 말해 국회가

'건축법'을 만들면 건축법의 구체적인 내용은 대통령에게 위임돼 많은 연구와 토론을 거쳐 '건축법 시행령'이 나온다.

그렇다면 1,500여 개의 법률을 구체적인 내용으로 풀어 놓은 시행령은 모두 몇 권이나 될까? 그것은 너무 많아서 가늠하기도 어렵고, 그 많은 내용을 책으로 모아 놓기도 어렵다.

그런데 법은 시행령에서 끝나는 것도 아니다. 시행령에서 해결하지 못한 더 구체적인 문제는 '시행규칙'이라는 법에 따라 해결한다. 시행규칙으로도 안 되면 '훈령', '고시', '지침', '준칙' 등 다양한 명칭의 규정에 따르거나 지방자치단체가 정한 '조례'에 따라 해결한다. 예를 들어 여성 전용 주차장을 설치하는 것은 '서울특별시 주차장 설치 및 관리 조례'에 따른 것이다.

이렇게 최고 법인 헌법에서 법률을 거쳐 시행령, 시행규칙, 조례 등에 이르기까지 법은 삼각형 모양으로 층층이 연결돼 있다. 이 법들은 너무 많은 데다 끊임없이 변하기 때문에 법조인들도 다 외울 수 없다. 최신 법 정보가 필요하다면 '대법원 종합법률정보' 홈페이지에서 찾아보면 된다. 예를 들어 검색 칸에다 '마을버스', '도축', '재활용' 같은 단어를 쳐 보자. 그러면 마을버스, 도축, 재활용과 관련한 헌법에서부터 법률, 시행령, 판례 등의 내용이 줄줄이 뜬다. 유의할 점은 거기에 나온 정보들도 법의 전부는 아니라는 것이다. 어떤 내용은 실무 담당자의 책상 서랍에 숨어 있을 수도 있다. 숨어 있다고 해서 법이 아닌 것도 아니다. 그것도 엄연히 지켜야 할 법이다.

그렇다면 법이란 지금까지 설명한 헌법, 법률, 명령, 조례 등을 말하는 걸까? 그렇지 않다. 지금까지 소개한 법은 법의 일부일 뿐이다. 방대한 법 중에서 '국가나 지방자치단체가 만들어서 지키라고 명령하고, 위반하면 제재를 가할 수 있는 법'만을 소개했을 뿐이다. 그런 법 말고도 세상에는 수많은 법이 있다.

국가가 제재하지 않는 법도 있다니! 대체 법이란 무엇일까? 뭐라고 정의하면 법이 우리 머릿속에 선명한 개념으로 자리 잡을까?

칸트가 말한 두 가지 법 중에서 '인간의 법'이란 '인간이 만들고 지켜야 하는 규칙의 총체'라고 할 수 있다. 가령 우리는 어른을 공경하고, 길바닥에 휴지를 버리지 말며, 공공장소에서 떠들지 말라고 배웠다. 이것은 인간이 만들어 낸 규칙이며 일종의 '법'이다. 종교에도 법이 있다. 이슬람교도 신자들은 매일 다섯 번씩 메카를 향해 절을 올리는데, 이 역시 이슬람교의 규칙이자 법이다.

'인간이 지켜야 할 모든 규칙'도 법에 속하니 우리는 이 책에서 그런 규칙까지 공부해야 할까? 그러려면 종교, 도덕, 예절 등에 대해서까지 이야기해야 하니 한도 끝도 없을 것이다. 그래서 범위를 조금 한정하여 국가가 관여해 제재를 하는 법에 대해서만 이야기해 보겠다. 즉, 종교나 도덕, 예절 등에 대한 규칙을 제외한 법 말이다. 그러면 우리가 최소한 개념적으로 특정할 수 있는 법의 종류가 떠

오를 것이다. 즉 법이란 헌법, 법률, 시행령 등을 포함하여 국가와 지방자치단체가 만들고 제재를 가할 수 있는 사회 규범이다. 이걸 조금 어려운 말로 '실정법'이라고 한다.

이제 실정법에 대한 공부를 시작해 보겠다.

 ## 법의 분류

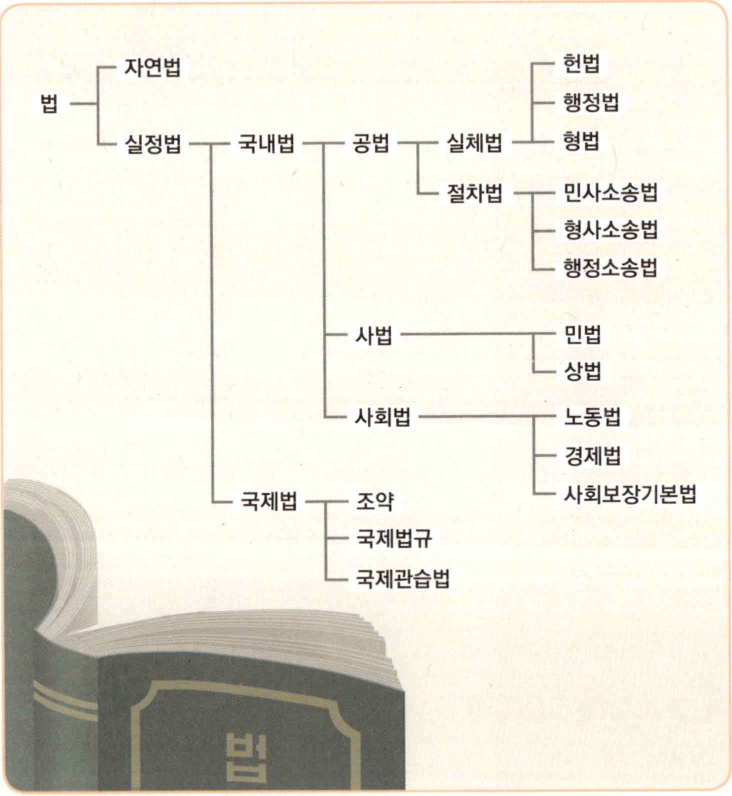

7법의 시대

첫 독일 여행을 다녀왔을 때 친구와 언쟁이 붙었다. 내가 뮌헨에 갔다 왔는지가 쟁점이었다. 나는 분명히 뮌헨에 갔다 왔는데 그걸 증명할 방법이 없었다.

"마리엔 광장 가 봤어?" 친구의 물음에 나는 주저 없이 그렇다고 대답했다. 뮌헨의 관광 중심지인 마리엔 광장은 독일 여행객들의 필수 방문지다. 그런데 "거기 가려면 몇 번 버스 타? 2번? 3번?" 하고 묻는 질문에는 당황하고 말았다. 당시 내가 몇 번 버스를 탔는지, 심지어 버스 대신 지하철을 탄 건 아닌지 기억이 흐릿했다. 그래서 "2번인가? 아니, 3번 탄 거 같다!"라고 대충 대답했다. 그러자 친구가 드디어 내 허점을 짚어 냈다는 듯이 말했다. "웃기고 있네. 거기 버스 안 가거든! 뮌헨도 안 가 본 녀석이 내 참…."

돌이켜 보면 당시 나는 하루에 한 도시씩 방문하며 독일 전역을 바삐 돌아다닌 터라 방문지에 대해 일일이 기억할 수 없었다. 하지만 기억이 없다고 해서, 또는 잘못 대답했다고 해서 내가 뮌헨에 안 가 본 사람이 되는 건 억울하다. 또 그렇다고 해서 내가 독일 여행 경험이 없다거나, 심지어 유럽 여행을 전혀 해 보지 않은 사람이 되는 건 말도 안 된다. 어디를 여행하든 사람들은 보통 중요한 것만 띄엄띄엄 눈에 담고 인상적인 것만 머릿속에 담아 두지 않는가. 독일 전역을 여행하는데 내가 뭘 타고 광장에 갔는지, 몇 번 버스를 타고 갔는지 알 게 뭐람?

법 공부가 그렇다. 실정법만 공부한다고 해도 그 양이 어마어마해서 모든 내용을 시시콜콜 기억하기가 불가능하다. 그렇기 때문에 "상법 120조 내용이 뭔지 알아?"라는 질문은 법학자들에게 별 의미가 없다. 그걸 안다고 해서 법을 안다고 할 수도 없다.

변호사 자격증을 따려면 변호사 시험을 봐서 자신의 지식 수준을 증명해 보여야 한다. 그럼 변호사 시험을 위해 어떤 공부를 해야 할까? '여객운송에 관한 법률'이나 '실내공기질 관리법' 등에 대해 공부하면 될까? 그런데 현실적으로 변호사들이 평생 동안 일하면서도 '여객운송에 관한 법률' 내용을 한 번도 들춰 볼 일이 없을 수도 있다. 그러니 시험을 준비하면서 그런 내용까지 세세히 공부할 필요가 없고, 나중에 필요할 때 찾아봐도 된다.

다만 법 공부를 처음 시작하는 사람이라면 헌법과 몇 개의 법률 정도는 꼼꼼하게 머릿속에 담아 놓아야 한다. 그게 바로 민법, 형법, 민사소송법, 형사소송법, 상법, 행정법이다. 이 6개의 중요한 법률을 종합해서 모아 놓은 법전을 '육법전서(六法全書)'라고 하며, 육법전서의 여섯 과목과 헌법까지 해서 총 일곱 과목이 사법시험에 나오는 과목이다. 결국 법 공부는 '7법'을 공부하는 거라고 보면 된다.

그 많은 법률 중에서 헌법을 포함한 7개의 법률을 중요하게 다루는 이유는 무엇일까? 이것을 알기 위해서는 법률의 역사를 살펴봐야 한다.

법과 종교의 구분이 모호했던 까마득한 과거에는 신이 내려 주는 규범이 곧 법이었다. 대표적으로 모세(이스라엘 민족을 노예 상태에서 해방시킨 민족 지도자)가 시나이산에 올라가 하느님께 받아서 이스라엘 민족에게 전했다는 '십계명'이 바로 신의 명령이자 법이었다. 십계명은 말 그대로 조문이 모두 10개로 겨우 돌판 하나에 그 내용을 모두 적을 수 있었다.

법과 종교가 분리되고 최초로 법다운 법이 탄생한 것은 기원전 450년경이다. 당시 로마 사람들은 사회를 유지하기 위해 필요한 규칙을 만들어 12개의 돌판에 적어 공포했다. 그것이 바로 '12표법'으로 이 법은 본질적으로 '형법'에 속한다.

형법은 쉽게 말해 범죄와 형벌에 대한 규범이다. 예를 들어 대한민국 형법 제250조에는 "사람을 죽인 자는 5년 이상의 징역에 처한다"라고 적혀 있고, 이런 조문이 수백 개 모여서 형법을 이룬다. 법의 기본적인 목적이 사회 질서 유지인 만큼 법을 제정하며 가장 먼저 형법을 만든 것은 어찌 보면 당연한 일이다. 기원전 1750년경 바빌로니아에서 제정된 '함무라비 법전'도 형법이 주요 내용이며, 고조선 시대의 '팔조법금(八條法禁)'도 본질적으로 형법에 속한다.

그런데 당장 살인사건이 벌어지면 형법만으로는 해결되지 않는다. 그 사건을 누가 수사해서 기소하고 재판할 것인지를 우선 정해야 하는데 그런 내용은 형법에 나와 있지 않다. 그래서 형법을 실현할 절차를 정한 법, 즉 '형사소송법'이 필요하다. 살인사건을 처리하려면 맨 먼저 형사소송법을 찾아봐야 한다. 누가 그 사건을 인지하고 수사를 시작할지, 어느 관할에서 이 사건을 맡을지 등이 모두 형사소송법에 나와 있다.

형법과 형사소송법이 제정됐다면 한 국가로서 기본적인 기틀을 갖춘 셈이다. 즉 기본적인 사회 질서가 유지돼 사람들이 평화롭게 살 수 있다. 물론 형법과 형사소송법만 있다고 해서 완전한 평화가 보장되는 것은 아니다. 기본적인 사회 문제에 더해서 좀 더 방대한 문제를 해결해 줄 법이 필요한데, 그래서 생겨난 것이 '민법'이다.

살인사건은 당연히 중대한 사건이지만, 이런 큰 범죄는 자주 일어나지 않는다. 우리나라에서는 살인사건이 1년에 1,000건 정도 일어난다. 살인을 비롯해 절도, 강도, 사기, 공갈, 횡령 등 경찰에서 범죄 사건을 처리하는 건수는 1년에 약 180만 건이다. 한국 인구가 5,000만 명이라면 그중 몇 퍼센트만이 범죄를 저지른다는 말이다. 그만큼 형법이 적용되는 사건이 일어나는 빈도는 적은 편이다.

반면에 자주 일어나는 일은 무엇일까? 사람들은 거의 매일 물건을 사거나 판다. 1년 중 365번 정도는 물건을 사기 위한 '계약'을 하고, 계약 내용대로 '실행'하는 일을 할 것이다. 만일 그 와중에 분쟁이 생기면 법원에 가서 법의 판단대로 분쟁을 처리하게 된다. 바로 이때 적용되는 법이 민법이다.

자급자족하던 옛날에는 사람 간의 교류가 적었기 때문에 법으로 해결할 문제도 별로 없었다. 고대 동양이나 중세 유럽에서 민법이 큰 역할을 하지 못한 이유다. 하지만 문물이 발전하면서 세상은 확 달라졌다. 사람들이 먼 거리까지 다니며 필요한 물건을 구하고, 만들고, 투자하기를 반복하는 동안 다툼과 분쟁, 화해가 꼬리를 물었다. 그걸 전부 개인의 힘으로 해결하거나 종교나 도덕 관념에 따라 해결할 수는 없다. 그래서 그런 문제를 해결할 구체적이고 방대한 양의 민법이 필요해졌다.

고대 로마가 딱 그런 경우였다. 유럽 거의 전역을 아우르는 나라였던 고대 로마에는 페르시아, 스페인, 아프리카, 스칸디나비아 등 동서남북 전역에서 기회를 찾아 떠나 온 사람들로 북적거렸다. 그러다 보니 범죄 사건이 빈번해졌고, 일상생활에서 일어나는 무수한 분쟁까지 시급히 해결해야 할 국가 문제로 떠올랐다. 이것이 '로마민법'이 탄생한 배경이다.

로마민법은 흠결을 찾아볼 수 없을 정도로 매우 완벽하고 수준이 높았다. 로마가 없어진 다음에도 로마민법은 중세 유럽에서 살아남아 근대 유럽으로 전달되었다. 11세기 볼로냐 대학을 중심으로 유럽의 법학자들이 전부 로마민법 공부에 달려든 이유다. 내용을 그대로 외우기도 했고, 로마민법을 기초로 새로운 민법 체계를 세우기도 했다. 그렇게 수백 년의 연구 끝에 로마민법은 유럽의 민법이 되었고, 프로이센과 프랑스, 독일은 로마민법을 바탕으로 자국의 민법을 만들었다. 1862년 명치유신 이후에는 일본이 그 뒤를 이었으며, 일본을 통해 우리나라가 받아들인 민법의 내용도 근본적으로는 로마민법과 다를 바 없다.

형법을 실현하려면 형사소송법이 필요하듯이 민법 역시 실제 분쟁 해결에 쓰이기 위해서는 '민사소송법'이 필요하다. 이렇게 법은 형법에서 민법, 형사소송법에서 민사소송법으로 발전해 왔고, 이 법들이 가장 중요한 법이라고 할 수 있다.

7법 중에 '상법'에 대해서는 약간 다른 설명이 필요하다.

상법은 쉽게 말해 장사하는 사람들 즉 상인들 간의 분쟁을 해결하는 법이다. 상인들은 농부나 교사, 직공, 목수 등과 구분되는 한 가지 특성이 있는데, 바로 분쟁에 휘말릴 가능성이 높다는 것이다. 상인들이 날마다 하는 일이란 게 '거래'이기 때문이다.

만일 상인들이 분쟁이 생길 때마다 몇 개월씩 걸리는 법원 소송을 한다면, 설령 좋은 결과가 나온다고 해도 바람직한 일이 아니다. 상인은 그렇게 몇 개월씩 소송에 신경 쓸 여유가 없다. 그 누구보다 상인 간의 분쟁해결법은 간단해야 한다. 법원은 상인 간의 분쟁을 처리할 때 민법전이 아니라 상법전을 펼친다. 그래야 가급적 빠르고 간편하게 문제를 해결할 수 있다. 민법이나 상법이나 궁극적으로는 비슷한 내용을 다루지만 각각의 조항에서 내용이 판이한 경우가 많다. 이것이 다섯 번째 법률로 상법을 떼어 놓은 이유다.

형법과 민법, 형사소송법과 민사소송법, 상법을 묶어 놓고 나면 두 개의 법이 남는다. 바로 '헌법'과 '행정법'이다. 둘 다 국가와 관련된 내용을 담은 법이고, 다른 법에 비해 기원이 오래되지 않았다. 그리고 이 두 법의 탄생 자체가 아주 중요한 사건과 관련돼 있다.

바로 프랑스 혁명이다.

프랑스 혁명으로 공법(公法)이 탄생하다 

국민의 기본권과 통치기구에 대해서 규정해 놓은 법을 '헌법'이라고 했다. 이 헌법의 시작이 1789년 발발한 프랑스 혁명이다. 프랑스 혁명 이전에는 헌법이 없었다. 국가 조직이 어떻게 구성되고 그 속에서 국민은 어떤 권리를 누리는지에 대한 규정으로서의 헌법 말이다.

물론 로마법에도 '황제의 권한 행사'와 같은 내용이 없었던 것은 아니다. 하지만 사람들이 별로 관심이 없었다. 그런 법은 만들어 봐야 황제들이 지키지 않았기 때문이다. 로마든, 중세 유럽이든, 근대 유럽이든 왕들은 법을 지키지 않았다는 점에서 다 똑같았다. 국민들에게는 지키라고 압박하면서 자기들은 제멋대로였다. 심지어 프랑스 왕 루이 14세는 "짐이 곧 법이다"라고 말할 정도였다.

많은 사람들이 이런 사태를 해결하기 위해 '입헌군주제'를 주장했다. 군주의 존재는 인정하지만 군주도 헌법을 만들어 지키라는 게 입헌군주제의 요지다. 그러나 왕의 생각은 달랐다. 법은 국민들이나 지키는 것이지, 왕은 지키는 게 아니라는 것이었다. 이렇게 왕과 국민 간의 대립이 수 세기 동안 평행선을 달리다가 1789년에 이르러 세상이 뒤집히고 말았다. 그것이 프랑스 혁명이며, 이로써 헌법을 제정하는 의회인 '제헌의회'가 만들어졌다. 이 제헌의회가 펼쳐든 교과서가 바로 미국 헌법이었다.

독립전쟁이 끝나갈 무렵인 1787년 미국은 큰 고민에 빠졌다. 영국에서 독립하고 나면 어떤 나라를 세울 것인가 하는 문제 때문이었다. 영국을 물리치기 위해 13개 주가 힘을 합쳤지만, 각 주가 속으로 생각하는 나라는 달랐다. 군주국을 세워야 한다는 주도 있었고, 공화국을 원하는 주도 있었다. 더 나아가 국회는 어떻게 구성할지, 행정부의 우두머리를 대통령으로 할지, 총리로 할지, 그리고 법원의 설치 문제 등 정해야 할 사안이 많았다. 그래서 소집된 회의가 바로 각 주의 대표자 55명으로 이루어진 '헌법제정회의'였다.

55명 안에는 나중에 미국 첫 대통령이 된 조지 워싱턴과 벤저민 프랭클린이 있었다. 이미 82세에 이른 벤저민 프랭클린은 미국뿐만 아니라 전 세계적으로 존경받는 정치가였다. 나머지 53명도 학벌로나 경력으로나 만만치 않은 인물들이었다.

이들은 1787년 5월 중순부터 9월 중순까지 무려 4개월간 일주일에 6일을 만나 대여섯 시간씩 치열한 토론을 했다. '미국을 어떤 나라로 만들 것인가'라는 주제에 대해서 말이다. 역사적으로 그렇게 오랜 기간 동안 그렇게 많은 인원이 모여서 한 가지 주제를 놓고 토론한 예가 없다.

이 회의 결과 미국 헌법이 탄생했고, 오늘날 볼 수 있는 미국의 정치, 경제, 사회제도가 바로 1787년의 헌법에 바탕한 것이다. 즉 상하 양원으로 구성한 의회, 상원의원의 6년 임기, 하원의원의 2년 임기, 법관의 평생 임기, 선거인단의 간접선거로 이루어지는 대통령 선거, 대통령의 법률안 거부권(원치 않는 법률을 거부할 수 있는 권리) 등등 지금의 미국 통치 구조의 그림을 그린 이들이 바로 55명의 헌법 제정권자였다.

1787년 열린 헌법제정회의의 가장 큰 공헌은 통치권자 혼자서 모든 일을 할 수 없도록 규정한 것이라 할 수 있다. 소위 '견제와 균형'의 원리를 제도로서 공고히 한 것이었다.

당시 미국 헌법 초안을 완성하고 나서 바로 추인을 위해 의회에 보냈는데, 의회는 추인 조건으로 기본권 조항을 붙일 것을 주장했다. 버지니아주 헌법에 나와 있는 것과 같은 기본권 조항을 넣어서 국민의 기본적 인권을 보장하라는 것이었다. 헌법 제정권자들은 얼른 헌법 수정안 10개 조를 덧붙여 의회의 추인을 받았다. 이렇게 해서 미국 헌법상 통치구조 조항은 본문에, 기본권 조항은 수정 제1조부터 제10조까지 추가해서 넣게 된 것이다.

오늘날 미국 헌법을 읽는 사람들은 특히 수정 조항에 열광한다. 언론의 자유, 표현의 자유, 종교의 자유, 자기부죄거부특권(자신에게 불리한 진술을 하지 않아도 될 권리) 등 미국 헌법이 자랑하는 기본권이 거의 망라돼 있다. 다만 기본권 보장을 위해서는 정치제도가 민주적으로 잘 정비돼 있어야 한다. 권력이 분립되지 않고 권력에 대한 합리적 통제가 없는데 기본권이 보장될 리 없다. 기본권이 충분히 보장되도록 미국이라는 나라의 기틀을 세운 공헌은 누가 뭐래도 헌법 제정권자들에게 돌아가야 한다. 그들은 통치권자가 권력을 맘대로 휘두르던 시대에 법치국가가 가야 할 길을 보여준 셈이다.

미국에서 헌법이 탄생하던 무렵 대서양 건너 프랑스는 짙은 암흑이었다. 당시 프랑스 왕 루이 14세는 '나의 사명은 전쟁이다'라는 생각으로 주변 나라와 싸움을 일삼았다. 그러다 보니 국력은 5분의 1토막이 나고 말았다. 그런 외중에 또 독일과 전쟁을 벌이려고 하니 막대한 자금이 필요했고, 왕은 무려 140년 만에 의회를 소집했다. 바로 그것이 프랑스 혁명의 도화선이 되었다. 1789년 7월 9일, 바

1787년, 헌법제정회의에 참여한 인물들이 미국 헌법에 서명하는 장면. 조지 워싱턴이 단상에 올라 회의를 주재하고 있으며 뉴욕 대표 알렉산더 해밀턴, 펜실베이니아 대표 벤저민 프랭클린을 비롯해 헌법 제정권자들이 모여 있다. (하워드 챈들러 크리스티 작품)

스티유 감옥이 함락되기 닷새 전, 평민층인 '제3신분'이 장악한 프 랑스 국민의회는 스스로 '제헌의회'라고 이름 붙였다. 헌법을 만들 때가 됐다는 것을 만천하에 공포한 것이었다.

프랑스에는 당시 헌법이라고 할 만한 게 없었다. 그래서 국왕은 맘대로 명령을 내리며 권력 행사를 했다. 국민들은 못마땅해하면서 도 왕의 권력 행사를 막을 방법이 없었다. 그러던 중 혁명을 통해 제 헌의회를 만들었고, 이 의회에는 미국 헌법이라는 모범이 있었다. 당시 미국이 얼마나 좋은 본보기가 됐으면 프랑스는 성조기의 흰 색, 빨간색, 파란색을 본떠 삼색기를 만들 정도였다. 프랑스 혁명이 만들어 낸 '인간과 시민의 권리 선언'(국민의 권리에 대해 국민의회가 선포한 프 랑스 인권선언) 역시 미국 헌법의 기본권 조항을 참조한 것이다.

프랑스뿐만이 아니었다. 19세기는 가히 헌법의 시대라고 할 만 했다. 유럽의 거의 모든 나라가 '헌법을 제정하라!'는 국민들의 요 구에 직면했다. 헌법 제정은 그 자체로 군주 및 귀족 등 구체제 세력 에 대한 도전으로 여겨지던 시절이었다. 자유를 향한 투쟁은 험난 한 길이었으며 프랑스 혁명 발발 후 첫 번째 헌법이 제정되기까지 2 년여의 세월이 필요했다.

그나마 프랑스는 나은 편이었다. 아직도 옛 제도에서 벗어나지 못한 유럽의 다른 지역에서는 인권을 찾는 데 수십 년이라는 세월 이 더 필요했다. 프로이센의 국왕 빌헬름 4세는 세 차례나 약속을

'인간과 시민의 권리 선언'을 표현한 그림(장자크 프랑수아 르바르비에, 1789)

미룬 끝에 1848년에야 그다지 만족스럽지 않은 헌법을 국민 앞에 내놓았다. 국민이 아니라 왕이 직접 만든 헌법이라고 해서 이것을 '흠정헌법'이라고 부른다.

7법 중 여섯 번째 법인 헌법은 이렇게 수많은 투쟁과 우여곡절 끝에 탄생했다. 요지는 간단하다. 국왕이든 대통령이든 권력을 쥐고 행사하는 자들까지 모두 법을 지킬 것. 이것이 헌법의 내용이자 이념이다. 즉, 헌법은 누가 권력을 행사하며 어떻게 행사할지, 국민의 기본권이 무엇인지 명시하고 있다. 통치구조와 기본권에 대한 내용이 없는 헌법은 진정한 의미의 헌법이라 할 수 없다. 1789년 프랑스 인권선언 제16조는 이렇게 선언하고 있다.

 권리의 보장이 확보되지 않고 권력의 분립이 확립되지 않은 사회는 헌법을 갖고 있는 것이 아니다.

통치 권력도 헌법의 규정대로 행사해야 하는데, 통치 권력의 위임을 받아 일하는 행정부가 제멋대로 권한을 행사할 순 없다. 나라 살림이라 할 수 있는 행정 업무는 국민의 대표기관인 국회가 제정한 법률에 따라 행해야 한다. 이것을 '법치행정의 원칙'이라 하며, 이런 원칙을 세움으로써 일곱 번째 법인 '행정법'이 탄생했다.

범죄수익과의 전쟁

"범죄는 돈이 된다." 이것만큼 무서운 말이 없다. 돈이 필요한 사람은 언제든 어디에든 많다. 돈을 준다는데 마다할 사람도 없다. 범죄가 돈이 된다고 믿는 순간, 많은 사람들이 범죄로 몰려들 것이다.

실제로 범죄를 통해서 버는 돈은 얼마나 될까? 당연히 천문학적인 액수다. 뇌물이나 마약, 조직범죄, 테러 등을 통해서 벌어들이는 수익이 전 세계적으로 얼마나 되는지는 정확하게 가늠이 안 된다. 떳떳하지 못한 돈이라 은행 등 금융기관을 통하지 않고 물 밑에서 움직이기 때문이다. 이렇게 드러나지 않는 돈이 매년 900조에서 2,000조에 이를 거라는 유엔마약범죄사무소(UNODC)의 보고가 있다. 우리나라 전체가 버는 돈의 3~6배에 이르는 금액이다.

그래서 그런지 범죄자들은 늘 돈을 처리하는 게 일이다. 드러내 놓고 쓸 수는 없지만, 그렇다고 묵혀 놓고 안 쓸 수도 없기 때문이다. 가령 뉴욕에서 코카인 30kg을 팔면 100만 달러를 버는데, 그 돈의 무게가 무려 116kg이다. 116kg의 지폐가 든 가방을 경찰의 눈을 피해 옮기거나 보관하는 게 보통 어려운 일이 아니다.

마약 밀매범들은 큰돈이 들어오면 '계수기'라는 기계로 밤새 돈을 세고, 보통 600달러씩 묶어 놓는다. 그렇게 작은 단위로 은행에 넣어야 불법수익이라는 의심을 피할 수 있다. 이런 작업을 '돈세탁'이라고 한다. 1990년 룩셈부르크의 한 아파트에 사는 할머니가 옆집 세탁기 소리 때문에 잠을 못 자겠다고 경찰에 신고했다. 경찰이 급습해 보니 옆집에서는 세탁기가 아니라, 콜롬비아의 '마약왕' 호세 산타크루스 론도뇨라가 계수기를 돌리고 있었다.

마약이나 폭력 조직이 기업체를 차리는 경우가 많은데, 그 주요 목적이 바로 돈

세탁이다. 범죄수익을 합법적인 돈으로 위장하는 데는 기업체를 통하는 게 가장 안정적이다. 범죄수익을 떳떳한 사업을 통해 얻은 돈으로 위장할 수 있기 때문이다.

이런 범죄에 대해 수사기관은 '몰수'라는 방법으로 대응한다. 몰수는 원래 형벌의 일종이다. 예를 들면 사기범을 처벌하면서 그가 벌어들인 돈을 국가가 빼앗는 게 몰수다. 이렇게 유죄 판결에 기초해서 범죄수익을 빼앗는 것을 '형사몰수'라고 하는데, 형사몰수로는 범죄수익을 박탈하는 게 쉽지 않다. 범죄 관련자들에 대해 일일이 유죄 판결을 받아야 하기 때문이다. 반면에 어떤 배의 소유주가 누구든 상관없이 그 배가 마약 운반에 사용됐다는 사실만 확인되면 바로 몰수하는 경우도 있다. 이렇게 범죄와의 관련성만으로 범죄수익을 빼앗을 수 있는 제도를 '유죄선고 없는 몰수' 또는 '민사몰수'라고 한다. 텍사스주 경찰 예산의 40%가 이 민사몰수에서 나온다고 한다.

이제는 범죄 예방보다 '범죄사업 예방'이 더 중요한 시대가 됐다. 다시 말해 마약 밀매범 한 명보다 새로운 투자처를 찾아 전 세계를 떠도는 범죄수익을 처단하는 게 훨씬 중요하다.

우리나라는 '범죄수익과의 전쟁'이 한창인데 민사몰수 제도에 대해서는 말도 꺼내지 못하고 있다. 그러는 사이 범죄사업이 우리나라에서 더 크게 번성할지도 모른다. 이제 우리도 진지하게 민사몰수의 도입에 대해 검토해 봐야 할 것이다.

2

모두를 위한 법을 만드는 법

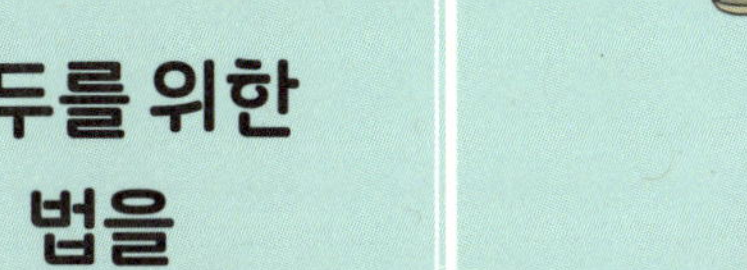

인류 최초의 성문법은 함무라비 법전?

　인류가 오랜 옛날부터 법을 만들었다는 것은 분명한 사실이다. 그렇다면 세계 최초의 법은 누가 만들었을까? 지금의 법률과 흡사한 법이 처음 탄생한 것은 언제일까?

　비교적 최근까지 사람들은 인류 최초의 성문법(문자로 적어 문서의 형식을 갖춘 법)으로 '함무라비 법전'을 입에 올렸다. 함무라비 법전이 새겨진 돌기둥이 세워진 게 기원전 1755년으로 추정되는데, 당시는 세계적으로 문자가 거의 발명되지 않았을 때였기 때문이다. 1901년 프랑스 유적탐사대가 발견한 이 돌기둥에는 놀랍게도 총 282조나 되는 법조문이 메소포타미아 문자인 설형문자로 빽빽이 새겨져 있었다. 내용 역시 오늘날의 법이라고 해도 될 만큼 완벽한 '법률' 그대로였다. 예를 들면 이런 내용이었다.

• 6조 : 신전이나 왕궁에 속한 재산을 훔친 자는 사형에 처하며, 그가 훔친 물품을 넘겨받은 자 또한 사형에 처한다.

• 101조 : 어떤 지역에서 무역허가권도 없이 무역을 한 자는 모든 재산을 그곳 상인에게 양도해야 한다.

함무라비 법전은 20세기 초 역사학자나 고고학자뿐만 아니라 법학자들의 관심을 한 몸에 받았다. 지구상에 이집트 문명 말고는 푸르른 초원만 가득했던 시대에 함무라비 법전은 이미 민사, 상사, 형사를 아우르는 완벽한 법률을 담고 있었기 때문이다. 오늘날까지도 프랑스 '루브르 박물관의 명물'로 꼽히는 이 함무라비 법전의 정체는 과연 무엇일까? 또 그 옛날에 이 법률을 만든 민족은 어떤 사람들이었을까?

먼저 함무라비 법전을 만든 함무라비 왕에 대해 알아보자.

사실 함무라비 왕을 '메소포타미아의 솔로몬 왕'이라고 불러야 할지, 거꾸로 솔로몬 왕을 '이스라엘의 함무라비 왕'이라고 불러야 할지 잘 모르겠다. 그도 그럴 것이 함무라비는 솔로몬 왕과 어깨를 나란히 하는 인물이었기 때문이다. 특히 자신이 다스리는 나라에서 법과 정의가 구현되기를 갈망했다는 점에서 그렇다. 솔로몬은 공정한 재판관이 되기 위해 신께 재판하는 능력을 갈구했고, 신의 허락을 받고자 무려 1,000번에 걸쳐 1,000마리의 동물을 바쳐 제사를 지냈다. 함무라비 역시 그에 못지않은 갈망과 노력 속에서 올바른 법이란 무엇인지 고민했던 왕으로, 역사적인 기록이 이를 생생하게 증언해 준다.

오늘날 이라크의 수도 바그다드를 중심으로 하는 메소포타미아 문명에는 여러 작은 도시들이 모여 있었다. 이들 사이의 분쟁으로 통일국가를 이루지 못한 채 함무라비 왕 시대에 이르는데, 함무라비 왕은 전쟁에 능할 뿐만 아니라 외교 능력도 뛰어났다. 협상과 전쟁이라는 두 가지 수단을 이용해서 주위 도시들을 점령해 나갔고, 훗날 바빌로니아라고 불린 새로운 통일제국의 기틀을 마련했다. 함무라비 왕이 사망하고 약 1,200년이 지난 기원전 500년 페르시아 제국의 키루스 왕에게 정복당할 때까지 존속한 바빌로니아 왕국은 메소포타미아 문명의 전성기를 함께한 중동 최고의 문명이었다.

특히 함무라비 왕은 재판에 관심이 많았다. 제국의 질서를 바로 잡으려면 무엇보다 공정한 재판이 중요하다고 여겼다. 당시 함무라비 왕이 법률가들과 주고받았던 문서를 보면 그가 사건을 놓고 얼마나 고심했는지 알 수 있다. 당시 재판 제도에 따르면 사형 선고 사건이나 국가적으로 중대한 사건은 국왕법원이 맡고, 작은 사건이라도 제2심인 항소심은 국왕법원이 재판했기 때문에 국왕이 법에 대해 잘 알아야 했다. 함무라비 왕은 이 사명을 완수하기 위해 끊임없이 공부했다. 그러던 중 총 282조의 법조문을 새긴 비석을 법원 입구에 세우게 됐는데, 그것이 지금 루브르 박물관에 전시돼 있는 함무라비 법전이다.

하지만 안타깝게도 함무라비 법전은 인류 최초의 법전이 아니다. 인류 최초의 법전은 함무라비 법전 발굴 후 약 50년이 지난 1951년에 발굴된 우르남무 법전으로 밝혀졌다. 수메르 우르 3왕조의 우르남무 왕이 제정한 법으로 함무라비보다 약 300년 앞서 나왔다.

또한 함무라비 법전은 최초의 '성문법'도 아니다. 성문법은 우리나라 형법처럼 '제1조 살인', '제2조 강도'와 같은 식으로 조항에 따라 법의 내용을 체계적으로 나열해 놓은 것이다. 또한 '이것이 우리나라 법이니 이 내용대로 따르라'는 의미로 국가가 공포한 법률이다. 그런데 함무라비 법전은 성문법이라고 하기에는 의아한 점이 있었다. 다음에 나열한 함무라비 법전 본문의 목차를 보자.

2. 1. 재판 (1-5조)
2. 2. 절도죄 (6-25조)

위 목차에서 보듯 함무라비 법전은 그 내용이 뒤죽박죽 섞여 있
다. 형법을 위주로 하지만 범죄와 형벌에 대한 내용이 순서대로 배

비석 같은 돌기둥에 새겨진 함무라비 법전

열돼 있지도 않다. 시작부터 국법의 첫머리라고 보기에는 무리가 있는, 거짓 증언한 자의 처벌에 대한 내용이 나온다. 이게 과연 '나폴레옹 법전'처럼 나라의 이름으로 제정한 국법이었는지 의심스럽다. 제6~195조를 보면 절도죄, 군법, 농업 및 가옥, 상법, 채무 및 공탁, 친족 등으로 이어지는데, 이걸 하나의 법전에 들어갈 내용이라고 할 수 있을까? 오히려 함무라비 왕 치하의 유명한 판결을 모아 놓은 것이라고 하는 게 훨씬 설득력 있어 보인다.

가령 "사람을 죽인 자는 그자의 목숨을 빼앗는다"라는 문구가 있다고 치자. 이걸 형법 제 몇 조의 내용이라고 이해할 수도 있지만, 재판의 결론이라고 봐도 무리가 없다. 즉 살인자를 사형에 처하는 판결이 거듭되면서 결국 어떤 동기로든 '사람을 죽인 자는 사형에 처한다'는 내용의 '판결문'이 만들어진 것일 수도 있다. 그러고 보면 제1~5조가 '재판'인 것도 이해가 간다. 판결문을 모아 놓으면서 왕이 재판에서 지켜 왔던 원칙을 첫머리에 적어 둔 것이 아닐까? 그런 다음 왕의 치세에 내렸던 대표적인 판결문을 모아 법조문을 만들어 총 282조로 정리한 것이 바로 함무라비 법전이라고 할 수 있다.

하지만 그렇다고 해서 함무라비 법전의 중요도가 떨어지는 것은 아니다. 또 함무라비 법전이 '최초의 법'도, '성문법'도 아니라고 해서 그 가치가 떨어진다고 할 수도 없다. 사실 메소포타미아에서는 수많은 법전과 계약서, 법률 문서가 발견됐고, 그 가운데 법률이 적힌 작은 돌조각까지 포함하면 함무라비 이전의 것도 헤아릴 수 없을 만큼 많다. 하지만 함무라비 법전보다 더 완벽한 형식과 내용은 어디에서도 찾아볼 수 없다.

함무라비 법전은 우선 완벽한 건축물의 형태를 띠고 있다. 그렇게 커다랗고도 매끈하게 잘 빠진 돌덩어리는 지금도 찾기가 쉽지 않다. 게다가 그 돌판에 적혀 있는 글의 모양이나 배열은 웬만한 예술 작품보다 훨씬 아름답다. 설령 법조문이 새겨져 있지 않더라도 함무라비 돌기둥은 루브르 박물관에서 가장 좋은 자리를 차지하기에 손색이 없다. 전체적인 색깔, 모양, 구도 등에서 다른 작품에 결코 뒤지지 않는다.

함무라비 법전의 맨 위쪽에는 샤마슈 신과 함무라비 왕의 모습을 새긴 조각품이 있다. 오른쪽에 앉아 있는 샤마슈는 메소포타미아의 태양신으로, 그리스·로마 신화의 아폴론과 같은 존재다. 샤마슈의 어깨에서 나오는 광선은 세상을 밝히는 힘이 되며, 형사 사건에서 범죄의 진실을 밝히는 역할을 상징한다. 그래서 태양신을 '진실의 신'이라고도 부른다. 한편, 왼쪽에 서 있는 함무라비 왕은 태양신보다 크기도 작고 손으로 코를 만지고 있는 모습에서 태양신보다 미천한 존재임을 알 수 있다.

조각품에서 태양신은 함무라비 왕에게 작은 자처럼 생긴 물건을 건네주고 있는데, 이는 내가 너에게 '재는 능력' 즉 재판하는 능력을

함무라비 법전 꼭대기에 있는 조각 작품. 오른쪽은 태양의 신 샤마슈,
왼쪽은 함무라비 왕이다.

내려 주니 늘 공정한 재판을 하라는 뜻이다. 이렇게 우상화된 이미지가 그 당시 사람들에게 미쳤을 영향은 대단했을 것이다. 글자보다 이미지로 나타난 우상은 사람들에게 복종과 숭배의 마음을 불러일으키기 쉽다. 함무라비 법전의 조각품을 본 사람들은 태양신이 진짜로 함무라비 왕에게 나타나 재판 능력을 부여해 준 것으로 믿었을 것이다. 즉, 함무라비 왕이 내린 결정은 곧 신이 내린 결정이라고 믿게 되는 것이다. 글자를 담기에도 좁은 공간에 굳이 이미지까지 새겨 넣은 이유가 바로 그것이다.

이미지 아래 설형문자로 새겨 넣은 법조문(또는 판결문)도 예사롭지 않다. 법조문은 총 세 부분으로 나뉘어 있다. '서문'에는 함무라비 왕의 치적이 설명돼 있다. 즉 뛰어난 지략으로 통일왕국을 이룬 왕에 대한 찬사가 담겨 있다. 서문 다음의 본문은 총 282조의 법조문으로 이루어져 있다. 법조문이 끝나고 다시 몇 문장이 이어지는데, 이것이 바로 함무라비 법전 전체를 이해하는 데 중요한 열쇠가 되는 '후기'다. 후기는 워낙 중요한 부분이므로 그 내용을 잠시 들여다보자.

 태양신의 명에 따라 내가 내린 이 결정은 누구라도 바꾸지 못할 것이며, 사랑하는 신전에 걸린 내 이름은 이 법전과 함께 영원히 기억될 것이다.

먼저 함무라비 왕은 돌기둥의 내용이 자기 혼자 내린 결정이 아니라 태양신의 명령에 따라 심사숙고한 끝에 내린 결정임을 강조하고 있다. 아울러 신전 앞에 그 결정문을 걸어 놓는 것이므로 누구라도 이 내용을 고쳐선 안 된다는 점을 분명히 하고 있다.

공정한 심판자인 왕 앞에 나오는 자들은 눈이 있으면 이 결정을 읽고, 귀가 있으면 누군가 읽는 소리를 들어서 내 판단을 가슴에 새기고 그로써 마음을 올바르게 하라.

또, 소송을 위해 출입하는 모든 사람은 이 판결문을 소리 내어 읽거나, 남이 읽는 것을 들어서라도 왕의 결정을 마음에 새겨야 하며, 그로써 옳고 그름에 대한 생각을 바로잡을 것을 명령하고 있다.

즉, 함무라비 법전을 법원으로 쓰이는 신전 앞에 세워 둠으로써 재판의 주재자가 태양신이라는 점을 강조하는 한편, 재판에서 내려진 결정이 신의 목소리였음을 확인하는 효과를 노리고 있다. 후기는 여기서 한 걸음 더 나아가 자신의 뒤에 올 왕들도 이 결정을 영원히 따라와 주기를 기원하는 것으로 끝을 맺는다.

이 땅을 지배할 다음 왕들에게 이르노니 여기 새긴 내용을 충실하게 지킬 것이며, 이 땅에서 내가 내린 결정과 판결을 바꾸지 말 것

이고, 태양신의 위임을 받은 공정한 왕 나 함무라비의 형상을 지우지 말 것이니, 그로써 그의 왕국은 태양신께서 보호하실 것이고, 그의 백성은 정의 가운데 영원할 것이다.

이처럼 함무라비 법전은 단순히 법률 조항 몇 개를 묶어 놓은 것도 아니고, 판결 내용을 무의미하게 요약한 것도 아니다. 왕의 치세에 태양신의 도움으로 왕국에 정의를 구현할 수 있었다는 사실과 그 정의의 내용을 국민들과 소송에 참여하는 자, 그리고 다음 세대에 널리 알릴 목적으로 만들어졌다.

법전에 사용된 언어가 마침 메소포타미아 문명의 공용어였고, 사람들이 무려 1,200년 동안이나 그 내용을 읽고 암송해 왔기에 실제로는 법조문이 아니라 판결문이었다는 점을 망각했을 수 있다. 그러나 함무라비 법전은 법전이라기보다 판례집에 가깝다.

어쨌든 그 안에는 후대 사람들이 모범으로 삼아야 할 내용이 아주 많다. 피고인은 유죄 판결이 선고되기까지는 무죄로 추정된다는 '무죄추정의 원칙'도 거기서 유래한다. "눈에는 눈, 이에는 이"라는 '탈리오 법칙'은 함무라비의 상징처럼 알려져 있다. 그뿐만이 아니다. 시대와 공간을 뛰어넘어 미연방대법원 판결문 가운데도 함무라비가 인용되기도 한다. 옳고 그름을 판단할 때 우리가 당연히 참고해야 할 내용 가운데 하나임은 틀림이 없다. 더구나 그게 완성도 높은 조각품 속에 들어 있으니 로마법대전 못지않게 추앙받고 있는 것이다.

컴퓨터나 자동차가 없던 시절에도, 농사가 산업의 중심이던 시절에도 옳고 그름에 대한 사람들의 생각은 현대인 못지않게 정확하고 치밀했다. 그때도 공정한 재판이 이루어졌고, 진실을 찾아가는 방법이 계속해서 축적되고 발전해 왔다. 옛 선인들의 업적을 발판 삼아 앞으로도 우리가 알아야 할 법과 지혜는 너무나 많다.

성문법과 불문법 

법을 만드는 방법에는 두 가지가 있다. 하나는 지금까지 있었던 법을 한데 모으는 것이고, 또 하나는 기존의 법을 전부 없애고 새로 만드는 것이다. 후자의 방법으로 만든 법에는 그 법을 만든 사람의 이름을 붙이는 경향이 있다. 가령 나폴레옹이 법을 만들었다면 '나폴레옹 법전', 로마 황제가 만들었다면 '로마법대전'이라고 부르는 식이다. 나폴레옹 법전이나 로마법대전을 만든 것은 인류 역사에서 매우 야심찬 도전이었다. '이전의 법을 전부 없애고 지금부터 우리나라는 이 법으로 통일한다'고 선언하는 것이기 때문이다. 우리가 보통 성문법이라고 부르는 것은 이런 법을 말한다. 로마의 성문법은 로마법대전이고, 프랑스의 성문법은 나폴레옹 법전이다.

그렇다면 인류 최초의 성문법은 무엇일까? 우르남무 법전일까? 그것도 아니다. 제정된 지 가장 오래됐다고 해서 인류 최초의 성문법이 될 수는 없다.

'성문법'이라는 칭호가 붙으려면 그것이 '어느 나라의 법 전체를 글로 적어서 세상에 공포한 것'이어야 하며, '이것만 알면 그 나라의 법 전체를 알 수 있는 것'이어야 한다. 또한 성문법이 되려면 내용이 체계적으로 정리돼 있어야 한다. 즉 민사법, 형사법, 행정법 등으로 분류해 놓아서 필요에 따라 쉽게 내용을 찾아볼 수 있어야 한다. 작은 도시의 경우에는 돌기둥 12개에 도시 전체의 법을 적어 놓을 수도 있는데, 그렇게 탄생한 법이 기원전 5세기 로마의 12표법이다. 바로 그것이 인류 최초의 성문법이다.

하지만 나라가 커지면 그 정도로는 어림도 없다. 적게 잡아도 아마 50권 정도의 책 분량은 필요할 것이다. 로마법대전이 바로 그 예다. 기원후 6세기 로마 황제 유스티니아누스는 로마의 법을 빠짐없이 정리해 하나로 묶고 '이것 외에는 전부 불태워 버려라!'라고 선언했다. 이게 바로 로마법대전으로, 양피지로 된 책 안에 법 전체를 담아 놓았다. 이런 책을 '법전(法典)'이라고 부르며, 성문법 중에서도 가장 완성도가 높은 내용과 형식을 갖춘 책에 붙는 이름이다.

로마법대전 이후 유럽의 모든 나라는 수백 년에 걸쳐 자국의 법전을 만들어 왔다. 로마법대전을 모범으로 해서 나폴레옹 법전을 만들었고, 나폴레옹 법전을 모범으로 '프로이센일반란트 법전'이라는 프로이센의 법전을 만들었다. 그 후 법전 편찬사업은 대륙을 건너 동아시아로 확산됐다. 일본 사람들이 프랑스와 독일을 흉내 냈고, 우리나라가 일본의 예를 따라 법전을 편찬해서 오늘에 이른다. 이런 나라들을 통틀어 '성문법 국가'라고 한다. 여러 권의 책으로 법조문을 묶어 놓고 '이것이 우리나라 법이다'라고 선언한 나라들이다. 우리나라의 법전으로는 민법전, 형법전, 형사소송법전, 민사소송법전, 행정법전, 상법전 등이 있다.

성문법 국가들과는 법에 대한 생각이 다른 나라들도 있다. 그런 나라에서 법은 '이것이 전부다'라고 선언하는 것이 아니라 자라나는 아이들이 입는 옷처럼 만든다. 아이가 크면 옷을 크게 만들어 입어야 하고, 그 옷도 나중에는 작아져서 못 입을 수 있는 것처럼 법도 통일하거나 고정하지 않는다. 필요하면 수정하고 더 만들 수 있다.

그들 나라에서는 법을 계속 모아 놓는다. 새 법을 만들기도 하지만 과거의 법이라고 해서 없애지도 않는다. 그러다 보니 수천 년 동안 법이 쌓이고 쌓여 한정된 공간에 전부 모아 둘 수가 없다. 또 그들에게는 왕이나 국회가 만든 '법률'만 법이 아니다. 작은 도시 시장이 공포한 '명령'이나 시 의회가 공포한 '조례'도 법이다. 심지어 시골 법원에서 선고한 판결문까지 '법'이 된다. 비슷한 사건이 발생했을 때 국가의 법률보다는 이전의 판결 사례가 더 유용한 참고가 될 수도 있다. 어떤 사건에 대해 법률이 아무리 다른 판결을 내려도 그 사건에 꼭 들어맞는 판결 사례가 있으면 판례가 법률에 우선한다. 이것을 '전에 판결한 사례를 참고하고 따른다'는 뜻에서 '선례구속의 원칙'이라고 한다.

이렇게 과거의 법률과 현재의 법률, 과거의 판결문과 현재의 판결문을 통틀어 법이라고 부르고 지키는 나라를 '불문법 국가'라고 한다. 문자로 적은 법이 없다는 뜻이 아니다. 법전처럼 '이게 법이다'라고 한정 짓지 않겠다는 것이다. 대표적인 불문법 국가가 영국과 미국이다.

성문법 국가에서는 법전이 총 50권 정도밖에 안 되기 때문에 원하는 법조문을 찾기가 쉽다. 반면에 불문법 국가에서는 법이 너무 넓게 멀리 퍼져 있어서 원하는 법을 찾는 게 보통 일이 아니다. 그래서 법을 공부하는 사람들은 법을 외우는 데 골몰하지 않는다. 50권이 아니라 500권, 5,000권이 될지도 모르는데 외울 수 있는 일도 아니다. 몇 가지 중요한 법만 공부하고 나머지는 해당하는 법을 잘 찾는 방법을 배운다. 잘 찾아서 '이 사건에는 이 법을 적용해야 할 것입니다'라고 설득하는 게 법조인의 실력이 된다.

법을 만드는 사람들 

법무부에 전화하면 어느 가수의 노랫소리가 발신음 대신 흘러나온다. "법은 어렵지 않아요, 법은 불편하지도 않아요…." 이런 가사로 시작하는 노래다. 나는 그 노래를 들으면 들을수록, 그리고 법을 파고들면 들수록 가사와는 전혀 다른 결론에 이르게 된다. 바로 '법은 어렵고 불편하다'는 것이다.

법은 어렵다. 쉽다고 생각하는 사람은 법률 전문가 말고는 없을 것이다. 또 법은 지켜야 하는 모든 사람들에게 불편하게 다가온다. 안 지켜도 되는 사람에게만 편한 게 법이다. 법의 본질은 '못 하게 하는 것'이기 때문이다. 내 행동을 못 하게 막는데 그게 쉽고 편할 리 없다. 그렇기 때문에 법은 누가 만드느냐가 중요하다. 법은 만드는 자에게 유리하게 작용한다. 누가 만들든 간에 자기에게 조금이라도 유리하도록 만들게 마련 아닌가! 국왕이 만든 법은 국왕에게 유리하고, 국민이 만든 법은 국민에게 유리하다.

물론 좋은 왕이 되고자 자신에게 불리한 법을 만들 수도 있지만 그건 극히 드문 경우다. 그런 의미에서 영국 역사는 시사하는 바가 크다. 존 왕(재위 1199~1216) 시대에 제정된 것으로 알려진 대헌장 이야기다.

국왕권과 교황권이 정면으로 충돌하던 시절, 교황 이노센트 3세는 영국의 존 왕을 굴복시키기 위해 자신의 대리인 스티븐 랭턴을 영국 캔터베리 대주교에 임명할 것을 명한다. 존 왕이 그 명을 거부하자 교황은 랭턴을 반란군인 남작 편에 가담하게 함으로써 전세를 역전시킨다. 그 결과 존 왕은 반란군들과 만나 대타협을 이루게 되는데, 그 항복 문서가 바로 대헌장이다.

대헌장이 의미 있는 것은 그게 법이긴 하지만 왕이 만든 법이 아니라는 데 있다. 왕은 반란군이 제시한 법 초안을 받을 것이냐 말 것이냐만 결정할 수 있었다. 법을 만든 것은 남작들이었다. 프랑스 왕을 상대하는 것도 벅찼던 존 왕은 별수 없이 그 안을 받아들이게 되는데, 그게 대헌장 1안이다. 하지만 대헌장 1안은 오래가지 못했다. 존 왕의 입장에서는 그런 법을 받아들이는 게 보통 자존심 상하는 게 아니었다. 그래서 나중에 동의 의사를 철회하고 만다. 화가 누그러진 교황도 이렇게까지 존 왕을 밀어붙이는 것은 너무 심하다며 대헌장 1안을 무효라고 선언했고, 이듬해인 1216년 10월 18일 존 왕이 병으로 죽음으로써 대헌장은 없었던 일이 돼 버린다.

하지만 대헌장은 거기서 끝나지 않았다. 존 왕의 뒤를 이어 헨리 3세가 왕이 되면서 대헌장 2안이 왕에게 제출된다. 존 왕처럼 크게 수세에 몰려 있지 않았던 헨리 3세는 원치 않는 내용을 빼고 대헌장 2안을 받아들인다. 이런 식으로 왕과 남작들 사이에 10여 년에 걸쳐 제안과 역제안이 반복된다. 타협이 이루어지는 것이다.

대헌장에 서명하는 존 왕의 모습(제임스 E. 도일, 1864)

대헌장은 기본적으로 왕권을 제한하는 내용을 담고 있다. 왕을 옥죄는 법이다. 그 법을 국민들 또는 국민의 대표자와 협의했다는 것 자체가 이전의 역사에서는 유래가 없었다. 왕이 법을 만들어서 나라를 다스리는 것을 '법으로 다스린다'는 의미에서 '법치주의'라고 부른다. 하지만 그걸 넘어서 왕 자신도 '(합의한) 법'에 따라 왕권을 행사하는 '법의 지배'로 가는 문을 연 것은 대헌장이 처음이었다. 비유하자면 고양이 목에 방울을 단 세상이 열린 셈이었다.

물론 그렇게 해서 세상이 금세 살기 좋아진 것은 아니다. 이후 400년 동안 법을 누가 만들 것인가에 관하여 왕과 국회 간에 다툼이 계속됐다. 다행히 국회 편으로 법원이 있었다. 영국 법원이 고비 때마다 국회 편을 들어주었다. 그래서 차츰차츰 국회가 법을 만드는 전통이 확립돼 갔다.

그 전통은 미국으로 이어져 미국에서는 법을 만드는 권한이 전부 국회로 넘어왔다. 물론 미국 헌법에 따르면 왕은 없고, 통치는 대통령이 한다. 중요한 것은 그 대통령도 법을 만들 권한이 없다는 점이다. 법은 오로지 상하 양원으로 나뉜 국회가 만든다. 이것이 바로 권력을 쪼개는 '권력분립'이다.

우리나라도 마찬가지로 법은 국회가 만든다. 우리나라 헌법 제40조가 이 점을 분명히 하고 있다.

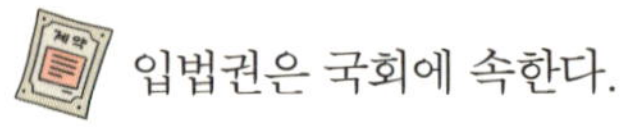 입법권은 국회에 속한다.

없던 법을 새로 만드는 것을 '제정'이라 하고, 기존의 법을 고치는 것을 '개정'이라고 한다. 국회의원은 새로운 법을 만들 때 '제정법률안'을, 기존 법을 수정할 때 '개정법률안'을 작성해 뜻을 같이하는 의원들에게 보여주며 서명을 받는다. 서명자가 10명이 넘으면 법률안을 제출할 수 있고, 제출된 법률안은 그 내용에 따라 각 '상임위원회'로 넘어간다.

우리 헌법에 따르면 국회는 200명 이상의 국회의원을 두게 돼 있는데, 실제로 현재 약 300명의 국회의원이 일하고 있다. 국회의 핵심 권한은 정부의 활동을 감시하고, 예산을 짜고, 법률을 만드는 데 있다. 그런데 이 일을 효율적으로 하려면 전체가 모여서 회의하고 결정하기보다는 의원 각자의 전문성을 최대한 살려 소수의 국회의원들로 모임을 만들 필요가 있다. 이런 모임을 '상임위원회'라고 부른다. 예를 들어 국방에 대한 문제는 '국방위원회', 교육 문제는 '교육위원회'라는 상임위원회에서 다룬다.

법률안도 마찬가지다. 어떤 법률안이 제출되면 그 안에 대한 지식과 경험이 가장 풍부한 상임위원회에 넘겨 심사한다. 전체가 모이는 본회의에 올려서는 그 내용을 꼼꼼히 검토할 수 없다. 한 사례로 한우의 시장점유율이 38%로 낮아진 것이 한우의 품질 문제라고 생각한 국회의원이 있었다. 그는 우량 한우의 품종을 개량하고 증식하도록 지원해 줌으로써 일본의 와규(和牛)와 같은 고급 한우를 보급할 수 있는 법을 만들고자 했다. 그래서 '한우개량보호법안'을 작성해 의원 10명의 서명을 받아 2018년 10월 12일 국회에 제출했다. 이 법안은 바로 관련 상임위원회인 '농림축산식품해양수산위원회'로 보내져 2018년 12월 13일 첫 심사를 받았다.

상임위원회를 통과한 법률안은 본회의에 가기에 앞서 '법제사법위원회'를 거친다. 어떤 법률(안)이든 1,500개나 되는 다른 법률과 충돌할 가능성이 있기 때문에 그런 문제가 없는지 따져 보려는 것이다. 법제사법위원회는 국회의원 중에서도 판사, 검사, 변호사 등 법조계 출신의 경험 많은 전문가들로 구성돼 있다. 법률은 특히 전문용어가 워낙 많은 분야라서 아무리 지식과 경험이 많은 국회의원이라도 법률안을 작성하는 데 잘못된 용어를 사용할 수 있다. 이와 같은 오류를 찾아내서 고치는 것도 법제사법위원회가 할 일이다.

국회의원의 임무 가운데 가장 중요한 것이 법을 잘 만드는 일이다. 이를 위해서는 무엇보다 국회의원 자신이 전문성을 갖춰야 한다. 세상 돌아가는 일에 관해 가장 잘 아는 국회의원이 세상이 필요로 하는 법률을 제때 만들 수 있다. 그런 의미에서 국회의원은 끊임없이 공부해야 하는 직업이다. 우리나라에서 가장 책이 많은 도서관이 국회도서관인 이유도 그 때문이다.

아울러 선진 외국의 입법례(법규 제정과 관련한 여러 나라의 사례) 등 최신 법률 정보를 수집하고 조사할 수 있도록 2007년부터 국회에 '입법조사처'라는 전문연구기관을 두었다. 2020년 기준으로 총 126명이 근무하고 있고, 2018년 12월 7일 기준으로 위원회와 국회의원 질의에 답한 건수가 6만 건 이상일 정도로 왕성하게 연구하고 있다.

이처럼 많은 사람들이 국회의원의 '법 만들기' 작업을 돕고 있다. 심지어 각 상임위원회 안에는 '전문위원'도 있다. 국회의원은 아니지만 그 분야의 최고 전문가로 하여금 상임위원회 활동을 돕도록 하는 것이다.

법률안제출권이란 무엇일까?

법제사법위원회를 통과한 법률안은 국회 본회의에 오른다. 여기서 국회의원 전원의 과반수 표를 얻으면 법률안으로 성립되어 정부로 간다. 법률을 만드는 것은 국회지만, 대통령이 이를 받아 공포해야만 법률로서 효력을 발휘하는 것이다.

그런데 만약 국회가 통과시킨 법률안이 대통령의 마음에 들지 않으면 어떻게 될까? 대통령의 계획과 반대되거나 실현하기가 불가능한 안건이라면 대통령은 그 법률안을 받아들일 수 없을 것이다. 이때 대통령은 '법률안거부권'을 행사할 수 있다.

19세기 혁명 이념에 따라 정부의 권력을 분리한 것까지는 아무 문제가 없었다. 문제는 입법과 행정이 서로 충돌하는 경우다. 국회가 만든 법률이 행정부의 뜻과 다를 때 그 갈등을 누가 해결할까? 이런 문제를 위해 미국 헌법의 창시자들은 행정부의 수반인 대통령에게 법률안을 거부할 수 있는 권한을 주는 아이디어를 냈다. 대통령이 국회가 요구하는 모든 안건을 다 실행할 수는 없기 때문이다. 하지만 대통령이 거부한다고 해서 국회가 그 법률을 무조건 없애서도 안 된다. 그건 법 만드는 권한을 완전히 대통령에게 넘기는 결과가 되기 때문이다.

그 타협안으로 나온 것이 '재의요구 제도'다. '본회의를 통과한 법률안이지만 대통령의 요구가 있으므로 다시 한 번 신중하게 심의해 보자'는 뜻이다. 이와 같은 법률안거부권과 재의요구 제도를 우리나라 헌법도 그대로 받아들여 시행하고 있다.

 **헌법 제53조**

① 국회에서 의결된 법률안은 정부에 이송돼 15일 이내에 대통령이 공포한다.

② 법률안에 이의가 있을 때에는 대통령은 제1항의 기간 내에 이의서를 붙여 국회로 환부하고, 그 재의를 요구할 수 있다. 국회의 폐회 중에도 또한 같다.

③ (생략)

④ 재의의 요구가 있을 때에는 국회는 재의에 붙이고, 재적의원

과반수의 출석과 출석의원 3분의 2 이상의 찬성으로 전과 같은 의결을 하면 그 법률안은 법률로서 확정된다.

우리나라 헌법 제53조에 따르면 대통령은 15일 안에 국회가 통과시킨 법률을 공포해야 하지만, 그 기간 안에 '이의서'를 붙여 국회에 돌려보낼 수도 있다. 이에 대해서 국회는 "재의에 붙"여 "재적위원 과반수의 출석과 출석의원 3분의 2 이상의 찬성으로" 재의결할 수 있고, 그러면 법률로 확정된다.

이 법을 넘어서 대통령이 자신이 원하는 법률안을 만들어 국회에 제출할 권한은 없다. 그게 원칙이다. 아무리 힘이 센 미국 대통령도 마찬가지다. 그래서 오바마 전 대통령도 그랬지만 트럼프 대통령도 가까운 의원들에게 전화를 거는 게 일과 중 중요한 업무다. 전화로 '이러이러한 문제가 있으니 법률안을 만들어 제출해 달라'고 부탁하는 것이다. 그렇지 않고 행정부에 법률안제출권을 주는 것은 권력분립의 원칙에 반한다. 이게 바로 '행정부의 법률안제출권' 문제인데, 이에 대해 좀 더 알아보기로 하자.

19세기에는 정부가 하는 일이 많지 않았다. 나라의 기본 질서만 유지해 주면 나머지는 국민들 스스로 잘할 거라는 믿음이 있었다. 때마침 과학 기술이 눈부시게 발전하고 있었고, 합리주의와 이성에 대한 낙관론이 세상을 지배하고 있었다. 세상이 별문제 없이 돌아가고 있었고, 인류의 힘으로 뭐든 할 수 있을 것 같은 분위기였다. 정부의 역할은 단지 국회가 제정해 준 법률에 따라 집행만 하면 되는 걸로 여겨졌다.

그런데 20세기에 들어서면서 그것이 착각이었다는 증거가 드러나기 시작했다. 정치적으로는 부강한 나라가 약한 나라를 착취하고 정복하는 문제가 생겼고, 경제적으로는 불황으로 인해 아무리 열심히 일해도 밑바닥 삶을 벗어나지 못하는 사람들이 속속 생겨났다. 또 사회적으로는 범죄와 불평등, 도시화로 인해 치안이 불안해지고 생활 환경이 나빠지기 시작했다. 몇 십 년 전에 꿈꿨던 유토피아는 커녕 사회 곳곳에서 다양한 문제들이 곪아 터지기 시작했다.

그러다 보니 대통령의 책상에 올라오는 문제의 수준이 예전과 비교할 수 없을 만큼 심각해졌다. 두 번의 세계대전과 대공황을 거치면서 과연 인류가 앞으로 평화롭게 살아갈 수 있을지에 대한 불안과 회의감이 강하게 들었다. 결국 행정부가 단지 국회가 제정한 법률에 맞춰 집행만 해서는 이 거대한 위기를 넘어설 수 없다는 결론에 도달했다. 새로 불거진 문제들 자체가 하나같이 간단한 문제가 아니었다. 국가가 적극적으로 문제 해결을 위한 정책을 개발하고, 특단의 조치를 취하고, 선제적으로 위기를 극복해 나갈 필요가 있었다.

19세기가 정부의 손발을 묶어야 하는 시대였다면 20세기는 정부가 나서야 하는 시대가 되었다. 일상 곳곳에서 위기가 속출하고 있는데 한가롭게 권력분립을 외치고 있을 때가 아니었다. 권력분립의 원칙에서 한 발 후퇴하더라도 뭐든 해야 한다는 생각이 국민들 사이에 팽배했다. 그 위기 탈출을 위한 조치 중 하나가 바로 '행정부의 법률안제출권'이었다.

행정부는 국정을 책임지는 기관이기 때문에 시시각각으로 달라지는 문제를 발견하고 그에 대응하는 정책을 만들 능력이 있다. 새로운 시대에 대응하려면 그런 기관이 직접 법률안을 만들어 제출할 수 있어야 할 것 같았다. 행정부가 법률안 '제출' 권한만 행사하고, '심사'와 '표결' 권한은 여전히 국회가 쥐고 있으니 권력분립의 본질 자체를 훼손하는 것도 아니었다.

행정부의 법률안제출권 효과는 탁월했다. 행정부가 새로운 정치·경제 환경에 필요한 정책을 적시에 도입할 수 있는 수단으로 의미가 있었다. 20세기에 새로 독립한 신생국가의 경우에는 권력분립의 원칙에 집착할 일이 아니었다. 새로운 나라의 기틀을 마련하고 경제 발전의 동력을 끌어모으는 것이 더 시급했다.

이러한 이유로 1947년에 제정한 우리나라 헌법도 행정부의 법률안제출권을 인정한다. 그 후로 1987년까지 아홉 차례나 헌법이 개정되는 와중에도 신생국가의 기틀을 마련하고 경제 성장을 지속한다는 명분으로 이 제도만큼은 그대로 유지했다. 그 결과 현행 헌법

제52조는 다음과 같이 선언하고 있다.

 국회의원과 정부는 법률안을 제출할 수 있다.

이 조문은 앞서 "입법권은 국회에 속한다"고 한 제40조와 모순돼 보인다. 지난 60년간 우리나라에는 두 개의 입법권이 있었다. 하나는 국회의원이 발의하는 법률안이고, 또 하나는 대통령이 국무회의의 심의를 거쳐 발의하는 (행)정부 법률안이다.

두 가지 법률안은 성격이 아주 다르다. 국회의원의 법률안은 원칙적으로 국민의 목소리를 담은 것이고, 행정부의 법률안은 행정부의 목소리를 담은 것이다. 전자가 민주주의와 권력분립의 원칙에 충실한 것이라면, 후자는 국가 발전과 국정 운영의 효율성을 우선으로 한다.

마찬가지로 두 가지 모두 단점이 있다. 국회의원의 법률안은 업무에 대한 전문성이 행정부보다 부족할 수 있다. 또 행정부의 법률안은 법률안 작성과정에서 부처나 이익단체의 목소리가 너무 많이 반영될 수 있다. 즉, 민주적 정당성이 부족할 수 있다.

정작 미국 헌법에는 이런 법률안제출권이 없는 걸 보면, 우리가 선택한 길은 너무 과감하고 자칫 위험한 길이었던 것 같다. 이제 그 공로와 과실에 대해서는 냉정하게 판단해 봐야 한다. 지난

1960~70년대 경제 발전의 시기에 유능한 행정 공무원들은 시의 적절하게 법률안을 제출함으로써 성공적인 산업화를 이루는 데 큰 공헌을 했다. 그런데 그러는 중에 국회는 그저 행정부의 법률안을 통과시켜 주는 '통법부'의 이미지로 전락하고 말았다. 결과적으로 행정부의 법률안제출권이 민주주의를 훼손하고 만 것이다.

다행히 2016년을 기점으로 국회에 제출되는 총 법률안의 숫자에서 국회의원의 법률안이 행정부의 법률안을 역전하기 시작했다. 바야흐로 국회입법의 시대가 다시 온 것이다. 지금부터는 특히 국회의원들의 역할이 중요하다.

법은 기본적으로 무엇을 못 하게 하거나 하도록 만드는 것이다. 두 가지 모두 법을 만드는 사람들의 결정이다. 무엇보다 중요한 것은 이 사회에서 지금 무엇을 못 하게 막아야 하며, 무엇을 하도록 이끌어야 하는지 세심히 읽어 내는 일이다. 그것을 찾아내 법을 만들고 지키도록 이끌면 사람들은 그 법 안에서 편안한 삶을 누릴 수 있을 것이다.

지금 우리나라의 법은 어떤 모습을 띠고 있을까? 최하층일수록 대체로 법은 어렵고 불편한 거라고 생각하는 것 같다. 그걸 보면 우리나라 법은 무엇을 못 하게 하고 무엇을 하게 해야 하는지 제대로 읽어 내지 못한 게 아닐까?

앞으로 국회의원이 법률안의 제출부터 심사, 표결까지 모든 과정에서 주도적인 역할을 하려면 무엇보다 우리 사회를 읽는 촉각을 발달시켜야 한다. 쉽게 말해 국민들이 무얼 원하고 무얼 원치 않는지를 깊고 폭넓게 읽어 내야 한다. 물론 그것만 중요히 여겨서 되는 것도 아니다. 때로는 국민들이 미처 인식하지 못한 위기와 기회와 변화가 닥칠 수 있다. 그런 것까지 미리 예견할 수 있는 감각과 지혜를 우리 국회의원 모두가 시급히 키워 나가야 한다.

'법과 소시지는 어떻게 만들어졌는지 아무도 모른다'는 독일 속담이 있다. 소시지처럼 법 역시 만들다 보면 이상한 재료로 뒤범벅이 된다. 온갖 목소리가 반영되고, 그래서 처음의 의도와는 다른 방향으로 변질되는 경우가 많다. 하지만 변질된 것이라도 일단 정해진 법은 지켜야 한다. 설령 그 법이 불공평한 법이라도 말이다. 소시지 같은 법이 사람들을 어떻게 얼마나 괴롭힐지는 아무도 모르는 일이다.

법을 잘 만드는 것은 매우 까다로운 일이다. 잘못 만들어진 법으로 인해 인류는 수백 년 동안 전쟁을 치렀고, 수많은 목숨이 부질없이 사라져 갔다. 그런 일이 우리나라에도 닥치지 않으리라는 보장이 없다. 법을 만드는 것은 권한인 동시에 막중한 책임이고 의무라 할 수 있다.

법을 잘못 만들면 어떻게 될까? 

잘못된 법이 어떤 부작용을 일으킬 수 있는지 잘 보여주는 예가 있다. 바로 1920년부터 1933년까지 있었던 미국의 금주법이다.

금주법이란 무엇인가

미국에서 시행됐던 금주법은 알코올 도수가 0.5도 이상 되는 모든 술의 제조·판매·운송을 금지했다. 이 법에 따르면 알코올이 약간이라도 섞인 음료를 만들거나 팔 수도 없고, 트럭에 실어 나를 수도 없었다.

이전에도 몇몇 주(州)가 금주법을 시행한 적이 있었다. 청교도 전통이 강한 주에서는 술을 악의 근원이라고 여겨 19세기부터 금주법을 시행했다. 그나마 상점에서 파는 것만 금지한 주는 나은 편이었다. 집에서 혼자 또는 가족끼리 마시는 것까지 금지한 주도 있었다.

이처럼 미국에서 술을 금지하는 게 그다지 신기한 일도 아니다. 원래 미국에서 술은 자유로운 음식이 아니다. 2019년 현재도 미국 국민의 3분의 1은 주류 판매를 완전히 또는 부분적으로 제한하는 법의 적용을 받으며 살고 있다.

그럼에도 1920년의 금주법이 특별했던 이유는 몇몇 주가 아니라 미국 전역에서 주류의 제조·판매·운송이 금지됐기 때문이다. 주의 경계를 넘는 게 그리 까다롭지 않은 미국에서는 몇몇 주만 금주를 시행한다고 문제가 해결되는 게 아니었다. 다른 주에서 술을 사서 들여오는 것까지 막아야만 했다. 이런 점을 감안해 미국은 1919년 수정헌법 제18조를 따로 만들어 금주 조항을 헌법에 넣기에 이르렀다.

그때는 맥주를 마시는 독일인이나 위스키를 달고 사는 아일랜드인에 대한 미국인의 감정이 특히 좋지 않았다. 미국인은 금욕해야 한다고 믿는 사람들도 있었다. 그들은 법으로 모든 것을 할 수 있다고 생각했고, 그것을 실행에 옮겼다. 그것이 바로 금주법이다.

금주법의 효과

금주법은 얼마나 효과가 있었을까?

효과가 좋았다는 견해도 없지는 않다. 가령 술이 주된 원인으로 알려진 간경화 발병률이 금주법 시행 이후 반 이상 줄었다는 보고도 있었고, 전반적으로 술 소비가 3분의 2나 줄었다는 보고도 있었다. 하지만 그보다는 반대 의견이 더 많았다. 미국의 저술가 빌 브라이슨의 말에 따르면, 미국에서 술을 가장 많이 먹던 시기가 바로 이때였다고 한다. 금주법 시행이 한창이던 1925년 뉴욕시에서만 불법 주점이 3만에서 10만 곳까지 성업했다는 보고도 있다.

금주법이 성공한 법은 분명 아니었던 것 같다.

그래도 법은 법이라서 폐지하기가 까다로워 무려 13년이나 이 법을 유지했다. 그사이 연방정부는 세금 부족에 허덕이다가 대공황을 맞았고, 농민들은 농작물이 팔리지 않아 고통을 겪었고, 경찰은 술 단속에 나서느라 치안에 소홀했고, 술꾼들은 1달러짜리 술을 서너 배 가격에 사서 몰래 먹느라 곤욕이었다.

그나마 그때 가장 행복한 시절을 보낸 이들은 범죄자들이었다. 처벌을 무릅쓰고 밀수를 해서 시중에 뿌리는 일에 뛰어든 마피아의 금고에는 엄청난 돈이 쌓였다. 3조 원의 수익을 올렸다느니, 돈이 넘쳐나다 못해 일부가 썩어서 버렸다느니 하는 소문도 있었다. 경제가 휘청거리는데 지하경제는 돈이 넘쳐서 흥청거리는 시대였다. 금주법은 전형적인 정책 실패 사례로 기록되었다.

금주법의 문제점

당시 미국 의회는 금주에 대한 열망이 너무 강해서 헌법에 금주 조항을 넣었다. 그것이 바로 수정헌법 제18조로, 미국 전역에서 독주의 제조와 판매, 운송을 금지한다는 내용이었다.

여기서 '독주'의 범위는 어떻게 정할지, 독주를 제조·판매·운송하다가 적발된 사람에게 어떤 형벌을 내릴지는 헌법에 적지 않고 하위 법에 위임했다. 연방정부나 주정부가 상황에 맞게 독주의 범위를 한정하고 처벌 규정을 두라는 것이었다. 이에 따라 미연방정부는 1919년 10월, 볼스테드 의원이 발의한 '볼스테드 법'을 통과시키는데, 이것이 바로 금주법이다.

이 법은 도대체 무슨 문제가 있었던 것일까?

첫째, 볼스테드 법은 수정헌법 제18조가 제시한 지침을 제대로 따르지 않았다. 제18조는 모든 술의 제조를 금지한 게 아니었다. 오로지 독주, 다시 말해 취하게 만드는 술의 제조·판매·운송만 금지했다. 따라서 독주의 범위를 정할 필요가 있었는데, 볼스테드 법은 '알코올 도수 0.5도 이상의 술'이라고 범위를 한껏 넓혀 놓았다.

알코올 도수 40도를 넘는 위스키는 당연히 독주다. 보드카나 럼주도 독주다. 중국인들이 좋아하는 고량주나 우리나라의 소주도 독주라 할 수 있다. 그런데 알코올 도수 12도의 포도주도 독주일까? 여기서부터는 약간 고민이 필요하다. 독주일 수도 있고 아닐 수도 있다. 특히 포도주라는 건 거나하게 취할 정도로 마시는 술이 아니다. 그런 포도주까지 독주로 한정해 제조·판매·운송을 금지한다면 너무 무리한 조치가 아닐까?

그런데 당시 금주법은 포도주보다 몇 걸음 더 나아갔다. 포도주보다 도수가 약한 음료들까지 모두 독주의 범위에 넣었다. 국민의 상식으로는 알코올 도수 4~5도의 맥주는 독주가 결코 아니다. 그런데 금주법은 맥주뿐만 아니라 심지어 0.5도의 음료까지 독주라고 했다. 어떤 평범한 국민도 0.5도짜리 술을 독주라서 위험하다고 생각하지 않는다. 0.5도의 술은 말이 술이지, 물과 별 차이가 없다. 그런데 금주법은 알코올이 조금이라도 들어 있는 음료라면 모두 독주라고 정의했다. 이러한 금주법에 대해 영국의 작가이자 정치가인 윈스턴 처칠은 "인류 역사에 대한 모독"이라고 했다.

금주법은 이처럼 단어의 의미를 자의적으로 왜곡함으로써 국민들의 생활과 동떨어진 법이 되고 말았다.

둘째, 금주법은 예외 사항이 너무 많았다. 본래의 원칙이 무엇이었는지 혼란스럽게 만들 정도로 많았다. '금주'라는 메시지가 국민들에게 잘 전달되지 않을 정도였다.

대표적인 예외로 0.5도가 넘는 술도 이미 사 놓은 것은 마셔도 된다는 내용이 있었다. 그 바람에 1920년 금주법 시행을 앞두고 부자들이 난리가 났다. 앞으로 몇 년이 될지 모를 금주기간 동안 집에서 홀짝홀짝 마실 술을 창고에 쌓아 두어야 했기 때문이다. 대통령들도 이 대열에 합류했다. 1921년 백악관을 나오면서 우드로 윌슨(재위 1913~1921)은 창고에 쌓아 놓았던 술을 전부 챙기고 나왔고, 바통을 이어받은 워런 하딩(재위 1921~1923)은 텅 빈 그 창고에다 술을 가득 채웠다. 부자들의 창고마다 술이 풍년이었다. 결과적으로 금주법은 술을 안 마시는 분위기를 만드는 데 실패하고 말았다.

집에서 만들어 마시는 술에 대한 예외 사항도 있었다. 집에서 마실 목적으로는 1년에 200갤런까지 포도주나 사과주를 만드는 게

미국의 금주법 시행 시기에 단속에 걸린 술 중개상들이 경찰 앞에서 술을 하수구에 버리고 있다.

허용되었다. 200갤런이라면 750ml들이 술병으로 약 1,000병이나 되는 양이다. 1,000병이면 1년간 날마다 두 병 반씩 마실 수 있는데, 그 정도를 마시고 취하지 않을 사람은 거의 없을 것이다. 결국 금주법은 '집에서 포도주 마시기'를 권장하는 법이 되고 말았다.

확실히 금주 문화를 만들 작정이면 마시는 것을 아예 금지해야 한다. 그래야 단속하기가 쉽다. 술 냄새가 나는 모든 사람을 잡아들이면 되기 때문이다. 그런데 미국의 금주법은 그게 아니었다. 파는 사람만 처벌하고 마시는 사람은 처벌하지 않는다거나 앞서 말한 온갖 예외 사항으로 법을 덧칠했다. 그러고서 이 법을 지키라고 하니 국민들이 헷갈리지 않을 수 없었다.

마지막으로 금주법의 가장 큰 문제는 국민들의 준법정신을 약화시켰다는 데 있다. 복잡하고 헷갈린 금주법 때문에 그 법을 집행하는 사람도 확신이 없었고, 법을 어겨 잡혀 가는 사람도 부끄러움이 없었다. 금주법을 확실히 지켜야 한다는 마음이 없었던 것이다. 이게 얼마나 심각한 문제인지는 법을 폐지하기까지 13년 동안 미국 사회가 경험을 통해 깨달았다.

금주법이 만든 사회는 술 없고 깨끗한 사회가 아니었다. 술은 없어지지 않고 부패만 가득한 사회가 됐다. 경찰도 뇌물을 받고, 검사도 뇌물을 받고, 판사도 뇌물을 받았다. 마피아가 어마어마한 돈을 벌 수 있었던 것은 법이 옳고 그름의 기준을 명확하게 제시하지 못했기 때문이다.

세상을 다스리는 방법에는 두 가지가 있다. 우선 힘으로 다스리는 방법이 있는데, 이것은 별로 좋은 방법이 아니다. 힘을 가진 자가 늘 옳은 결정을 하는 것은 아니기 때문이다.

법으로 다스리는 방법도 있다. 나라를 다스리는 데 법이 얼마나 큰 힘을 발휘하는지는 상상도 못 할 것이다. 법은 삶 자체를 바꾸는 힘이 있다. 범법자들을 일거에 응징할 수도 있고, 국토를 다 뒤집어서 새로운 나라를 만들 수도 있고, 나라가 나아갈 길 자체를 180도 바꾸는 것도 아주 불가능한 일은 아니다. 법으로 술을 못 마시게 하는 것은 아무것도 아니다. 법이 작정하고 나서면 못 할 일이 없는 게 현대사회의 특징 중 하나다.

그런데 법에는 매우 큰 단점이 하나 있다. 바로 유연성이 없다는 것이다. 법에서는 되는 건 되고, 안 되는 건 안 된다. 법에서 안 된다고 하는 일은 무슨 수를 써도 안 되는 일이다. 아무리 사정이 딱해도 마찬가지다. 법은 결론이 분명하다. 그래서 냉정하고 가혹하게 느껴지지만 어쩔 수 없다. 법은 감정에 신경 쓸 수가 없다. 당신의 사정이 너무 딱하니 이번만 봐주겠다? 이런 경우는 법에 없다. 차라리 법은 일관된 목소리를 내고, 그게 너무 가혹하다 싶으면 왕이 나서서 목숨을 구제해 주는 게 낫다. 이것을 '사면'이라고 하는데, 사면은 영국이 오랫동안 써 온 방식이다.

그 외 대부분의 나라에서 법은 자비가 없다. 빵을 훔친 장발장은 프랑스만의 비극이 아니다. 우리나라도 마찬가지다. 남의 물건을 훔쳤으면 당연히 벌을 받는 것이지, 국민들이 봐달라고 탄원서를 낸다고 해서 안 받는 게 아니다. 죄를 처벌하는 형법은 특히 재량이 없다. 판사는 법에서 정한 대로 판정을 내릴 뿐이다. 법의 테두리를 결코 벗어날 수 없다. 그렇기 때문에 법은 매우 신중하게 만들어야 하고, 가급적이면 법이 아닌 다른 수단으로 문제를 해결하는 게 좋다. 법은 최후의 수단으로 남겨 두는 것이다. 법이 나서는 순간 세상은 잔인해진다.

그런데 법이 범법자를 처벌하지 않으면 어떻게 될까? 뉴욕 시내에 버젓이 보이는 술집에서 술을 팔고 있는데 금주법을 잘 아는 경찰관이 단속을 하지 않는다면? 답은 간단하다. 법이 우스워진다. 이탈리아의 정치 사상가 마키아벨리가 말하길, 왕은 우습게 보이면 안 된다고 했다. 차라리 잔인한 게 낫다. 법도 마찬가지다. 안 지켜도 될 거라는 생각을 국민들에게 심어 주는 순간 법은 바로 무너져 버린다.

게다가 금주법은 그냥 법이 아니었다. 도로명 주소로 바꾸거나 뒷좌석 안전띠를 착용하라는 식의 법이 아니었다. 금주법은 헌법이었다. 헌법 제18조를 다시 만들면서 그 구체적 내용만 하위 법에 맡긴 '실질적 의미의 헌법'이었다. 사람들이 그 법을 어기고 있는데 공

권력이 수수방관하고 있다면? 그러면 국민들은 어떻게 생각할까? 법은 믿을 게 못 된다고 생각하지 않을까? 최후에 기댈 것은 법이라고 여겼는데 그게 아니었구나 생각하며 스스로 제 목숨을 지키기 위해 올바르지 못한 방법을 쓸지도 모른다. 돈으로, 폭력으로, 연줄로, 뇌물로 미국 사회가 우왕좌왕한 책임의 대부분은 법이 법답지 못했던 데 있다.

미국은 법으로 만든 나라다. 중국인과 아일랜드인, 부랑아 출신의 영국인이 모여서 만든 나라다. 생김새부터 먹는 것, 입는 것, 생각하는 것 등 무엇 하나 같은 구석이 없다. 세상을 보는 눈도 다르고, 받드는 신도 다르다. 따라서 서로에 대한 신뢰와 이해, 동지애와 동류의식이 있을 리 없다. 그런 사람들이 광활한 땅을 묶어 한 나라를 만들자니 헌법이 필요했고, 그 아래로 줄줄이 수많은 법이 필요했다. 그래서 미국은 법의 천국이 됐다. 법이 작동하고 있다는 사실은 미국 사회의 근간이고 기둥이다. 그 근간을 뒤흔들 위험천만한 법이 바로 금주법이었던 것이다.

몸에 나쁜 술을 가까이하지 말라는 건 가정이나 학교에서 교육시킬 수도 있고, 방송에서 캠페인을 벌일 수도 있다. 금주는 그런 것에 맡기는 게 우선이다. 법이 섣불리 나서서 음주하면 처벌한다고 하는 건 무엇보다 위험한 일이다. 법을 어길 기회를 주는 것이기 때문이다. 일일이 처벌할 자신이 없다면 법은 안 만드는 게 낫다. 법을 어기고도 무사히 넘어갈 기회를 줘서는 안 된다. 그러면 법이 조롱거리가 된다.

루스벨트 대통령이 지적한 바와 같이 금주법의 가장 큰 문제는 법을 무시하는 풍토를 조장했다는 점이다. 미국은 땅 위에 세운 나라가 아니라 법 위에 세운 나라다. 그런 의미에서 미국은 제 발등 찍기를 장장 13년 동안이나 하다가 멈춘 셈이다.

아무 명분도 없이, 남은 건 상처뿐이었다.

리걸 마인드

비탈길을 내려갈 때 브레이크를 세게 밟다 보면 타이어가 타기도 하고, 브레이크 장치가 손상을 입기도 한다. 그런 손상 없이 속도를 줄이려면 '엔진 브레이크'를 이용하면 된다. 엔진 브레이크는 엔진에서 나가는 힘을 바퀴로 전달하는 방식에서 톱니바퀴의 조합을 바꿈으로써 엔진이 아무리 큰 힘을 내보내도 바퀴에는 힘이 덜 가게 한다. 큰 톱니가 작은 톱니를 만나도록 변속기를 조절하기 때문이다.

그런데 차에 대해 잘 모르는 사람들이 자동차 전시장에서 아는 체를 하느라고 "이 차는 엔진 브레이크가 어딨죠?"라고 물어보곤 한다. 이 말은 저는 차에 대해 전혀 모르는 사람이니 마음대로 사기를 치십시오, 라는 말과 다를 바 없다.

'리걸 마인드(legal mind)'가 그렇다. 리걸 마인드는 어떤 사회 문제에 대해 법률적으로 접근하는 사고방식을 말한다.

법깨나 안다는 사람한테 핀잔을 듣고 온 학생이 "교수님, 리걸 마인드를 키워 주십시오"라든가 "저는 법대를 나오지 못해 리걸 마인드가 없는 것 같습니다"라는 푸념을 하는 경우가 있다. 그럴 때 나는 이렇게 되묻곤 한다.

"근데 리걸 마인드는 대체 뇌의 어느 부분에 걸쳐 있는 걸까?"

가령 '돈을 꿔 준다'라는 말을 '금전 소비대차를 한다'라고 한다든가, '밤나무에서 밤이 떨어진다'를 '과실이 부동산에서 동산으로 분리된다'라고 표현하는 것과 같다. 이렇게 일상적인 말을 법적인 용어로 표현하는 훈련을 하다 보면 리걸 마인드가 발달하고, 이로써 여러 사회 문제에 대해 법적인 사고방식으로 해석하고 판단할 수 있다.

법조인은 그런 훈련을 열심히 해서 신속하게 법적인 판단을 내릴 수 있다. 다시 말해 어려운 법률 용어를 많이 알수록 어떤 사안을 처리할 때 민법 제 몇 조를 적용할지 재빨리 판단할 수 있다. 이런 점에서 보면 사실 리걸 마인드는 '마인드(정신, 사고방식)'가 아니라, 열심히 외운 법률 용어가 머릿속에 가득 찬 상태라고 말할 수 있다. 흔히 말하는 비즈니스 마인드와는 다르다. 사업가들이 일을 할 때의 사고방식은 일반인과 완전히 다르지만, 리걸 마인드는 그렇지 않다. 리걸 마인드는 다만 법조계 사람들만이 아는 용어로 세상을 이해하고 표현하는 것에 붙여진 이름이다.

어쨌든 법조계에서 성공하기 위해서는 리걸 마인드를 키워야 한다. 리걸 마인드가 부족해도 부족하지 않은 척해야 한다. 판사나 검사나 법학교수가 쓰는 말을 따라 쓰고, 그들이 보는 관점에서 법을 바라보고 판단해야 의뢰인에게도 궁극적으로 도움을 줄 수 있다. 리걸 마인드가 뇌의 어느 부분에 있는지 일단은 고민하지 말기로 하자. 해부학적으로는 아무 데도 없는 것이어도 좋다. 그래도 리걸 마인드는 있다, 이렇게 믿어야 한다. 즉 법률가처럼 말하는 연습을 해야 한다.

리걸 마인드로 무장한 수만 명의 변호사가 사회에 나와 활동하고 있다. 그래서 세상은 조금 더 정의롭고 살기 좋은 곳이 되었을까? 우리가 진짜 고민해야 할 것은 바로 이 지점이 아닐까 한다. 보통 사람들의 억울함을 시원하게 풀어 줄 명쾌한 판결이 줄을 잇고, 검사가 거악척결(큰 범죄의 요소를 뿌리 뽑음)의 선봉에 앞장서고, 변호사들이 가난한 사람들의 진정한 대변자가 돼 준다면, 리걸 마인드는 비즈니스 마인드보다 훨씬 더 높이 떠받들어질 것이다. 머릿속에 돈 생각이 가득한 것보다 법과 정의가 가득한 게 백번 낫지 않은가.

3

민주 시민이 꼭 알아야 할 법 이야기

법과대학에서 배우는 것은 어느 나라나 비슷하다. 한국이나 일본, 독일이나 프랑스도 마찬가지다. 법체계가 다르다는 미국이라고 해서 크게 다른 것도 아니다. 법과대학에 들어가면 약 3년간 헌법, 민법, 형법, 민사소송법, 형사소송법, 상법, 행정법을 배운다. 그 외에 다른 법도 배우긴 하지만 우선순위는 이 7법이다. 변호사 시험도 이 7법에서 나온다. 자, 그럼 우리가 법과대학이나 로스쿨 강의실에 왔다고 생각하고 기본 7법에 대해 공부해 보자.

헌법 이야기: 법의 지배를 꿈꾸다 

적법절차와 법의 지배

'헌법'을 영어로는 'constitution', 라틴어로는 'constitutio'라고 하며, 본래는 '구성한다', '만든다'는 뜻이다. 즉, 헌법이란 '나라를 만드는 법'이라고 풀이하면 거의 틀림없다. 다만 헌법은 나라를 만들기는 하되 '글자'로 만든다. 헌법은 그림으로 돼 있지도 않고, 보기 좋게 차트로 돼 있지도 않다. 오직 글자로 이루어져 있다. 글자라고 해 봐야 몇 자 되지도 않는다. A4지로 치면 18장 정도에 본문이 다 들어간다. 그 안에 우리나라의 모습이 들어 있다. 역사와 기원, 이념과 현실, 목표, 현재와 미래가 있다.

헌법에 따르면 대한민국은 국민이 주인이 되는 공화국이고, 한반도와 그 부속 도서를 영토로 하며, 200명 이상의 국회의원을 두고, 국민의 직접선거로 뽑은 대통령이 행정부와 군을 통수하며, 사법부로는 대법원과 그 아래 각급 법원을 둔다. "유구한 역사와 전통에 빛

공화국과 군주국

'공화국'은 영어로 'republic'으로, 이것은 라틴어의 두 단어 res와 publica의 조합이다. res는 '~것', publica는 '모두의'라는 뜻이므로 합치면 '모두의 것'이라고 풀이된다. 즉 공화국이란 '모두의 나라'라는 뜻이며, 한 사람의 나라인 '왕정' 또는 '군주국'과 반대되는 개념이다.

나는 우리 대한민국은" "개인과 기업의 경제상의 자유와 창의를 존중"하면서 "항구적인 세계평화와 인류공영에 이바지"할 것을 사명으로 하고, "국민의 인간다운 생활을 보장"하는 "민주공화국"을 이념으로 한다.

전문부터 제130조까지 훑어보면 구구절절 옳은 말이다. 그래서 자칫 이 헌법 조문의 의미에 대해 깊이 생각하지 않고 '흠, 좋은 말이군!' 하고 가볍게 넘어갈 수 있다. 국민주권주의, 무죄추정의 원칙, 권력분립의 원칙 등을 큰 감회 없이 읽어 내려갈 사람이 많을 것이다.

하지만 우리 헌법에 적혀 있는 한 문장과 한 조문을 위해 인류가 벌여온 투쟁의 역사를 잊어서는 안 된다. 별것 아닌 것 같지만 권리 하나를 얻어 내기 위해 역사의 한 페이지를 피로 붉게 물들여 왔다. 가령 우리 헌법 제12조를 보자.

 누구든지 법률에 의하지 아니하고는 체포·구속·압수·수색 또는 심문을 받지 아니하며, 법률과 적법한 절차에 의하지 아니하고는 처벌·보안처분 또는 강제노역을 받지 아니한다.

국민의 몸을 구속하려면 '적법절차'에 따라야 한다는 말이다. 너무나 당연한 이 문장을 헌법에 넣기까지는 수백 년의 세월이 걸렸

다. 그전에는 왕이 제멋대로 판단하여 누군가의 재산을 빼앗거나 국외로 추방하곤 했다. 그래서 영국의 하급 귀족인 남작들이 들고 일어나 존 왕과 극적인 타협을 이뤄 대헌장에 서명하게 된다. 1215년 6월의 일이다. 대헌장 제39조는 다음과 같이 쓰고 있다.

자유민은 그와 동등한 지위를 가진 사람의 합법적 재판이나 국법에 의하지 않고서는 체포, 구금, 권리나 재산의 박탈, 법익(法益) 박탈 또는 추방을 당하거나 기타 방법으로 자신의 신분을 박탈당하지 않는다.

우리나라 헌법 제12조, 미국 수정헌법 제5조와 판에 박은 듯 같은 내용이다.

1066년 프랑스 서쪽 노르망디의 주인이었던 노르만족은 앵글로색슨족과 데인족이 반씩 나눠 가졌던 영국을 통째로 점령해 도버 해협의 이쪽저쪽을 아우르는 강력한 나라를 만들었다. 반면에 프랑스어를 쓰는 노르만족 치하에 들어간 영국 국민들은 약 150년간 고통 속에 살았다. 마음이 전부 프랑스 본토에 가 있던 노르만족은 영국의 물자를 수탈해 프랑스 내 영토를 지키고, 유럽의 여러 나라들과 전쟁을 벌이는 데 몰두하고 있었다. 이 과정에서 가장 큰 피해를 본 이들이 바로 남작 계급이었다.

그나마 노르만족이 힘이 셀 때는 남작들도 참고 견뎠고, 존 왕의 형인 사자왕이 지배할 때까지는 내란으로 번지는 일이 없었다. 그런데 존 왕은 형과 달리 너무 힘이 없었다. '물칼(softswords)'이라는 별명이 붙을 정도였다. 당시 프랑스 왕이었던 필립 2세에게 노르망디 등 많은 땅을 빼앗긴 존 왕은 역사책에 '실지왕(John Lackland)', 즉 '땅을 잃어버린 왕'이라고 적혀 있다.

그런 존 왕도 영국에만 오면 폭군이 됐다. 측근들을 판사 자리에 앉혀 법원을 꾸린 다음 판결도 받기 전에 형벌을 부과하고, 절차도 뭣도 없이 마음에 들지 않는 자들을 제거해 나갔다. 참다 못한 백작들이 반란을 일으켰고, 한동안 영국은 내전에 휩싸였다. 내전도 내전이지만 프랑스 내 영토를 지키기에도 버거웠던 존 왕은 결국 백작들이 내민 문서에 마지못해 서명하게 되는데, 그게 바로 대헌장이다.

대헌장에서 가장 중요한 것은 '법의 지배'가 명시돼 있다는 점이다. 2015년 대헌장 제정 800주년에 열린 미국 내 학술대회에서 사람들이 공통으로 지적한 것도 바로 그것이었다. 왕이 법으로 국민들을 지배하는 '법에 의한 지배(rule by the law)'가 아니라 왕 자신도 법을 지켜야 한다는 '법의 지배(rule of law)'의 원칙을 공식화한 최초의 문서가 바로 대헌장이다.

사실 앞에서 제39조라고 소개하기는 했지만 1215년 대헌장에는 39조, 40조 등과 같은 조문이 따로 적혀 있지도 않았다. 그냥 39번째 문장쯤에 오늘날의 '적법절차 조항'과 유사한 문구가 들어 있었을 뿐이다. 그 나머지는 봉건 영주와 신하 사이의 '자질구레한 타협안' 그 이상도 이하도 아니었다.

그런데 영국의 법률가들이 이 대헌장의 문구를 기초로 해서 '통치의 원리'를 구체화해 나갔다. 그 가운데 가장 중요한 것이 바로 '법의 지배'였다. 그 조항 하나를 넣기 위해 프랑스는 전대미문의 대혁명을 겪기도 했다는 것은 앞서 이야기한 바와 같다.

훗날 미국 헌법의 아버지들이 가장 많이 참고한 자료도 대헌장이다. 대헌장에 나오는 많은 내용이 미국 헌법을 거쳐 프랑스 헌법에 전파됐고, 독일과 일본을 통해 우리나라 헌법에까지 넘어오게 됐다. 오늘날 미국 수정헌법 제5조는 이렇게 적고 있다.

 누구라도 적법절차에 의하지 않은 채 생명이나 자유 또는 재산이 박탈당해서는 아니 된다.

헌법 베껴 쓰기: 규범적 헌법과 명목적 헌법

헌법에는 원래 저작권이 없다. 남의 나라 헌법을 허락 없이 가져와 써도 된다. 20세기에 독립한 신생국가들은 선진 각국의 이름난 헌법을 가져와 미사여구만 골라서 베껴 쓰고는 했다. 라틴아메리카와 아시아의 많은 나라가 그랬다. 겉으로는 멀쩡해 보이는 헌법을 공포해 둔 채 실제로는 독재와 억압의 정치를 계속했다. 그들에게 헌법이란 장식품에 지나지 않았다.

이 점을 날카롭게 꿰뚫어 본 인물이 바로 독일의 법학자 칼 뢰벤슈타인(1891~1973)이다. 뢰벤슈타인은 전 세계 헌법을 규범적 헌법과 명목적 헌법으로 구분했다. "규범적 헌법은 헌법 규범이 실제로 규범력을 발휘해 정치권력을 규율하는, 현실에서 준수되고 있는 헌법"을 말하고, "명목적 헌법은 성문 헌법전이 존재하지만 현실적으로 기능하지 못하"*는 헌법을 말한다. 유럽과 미국 등 선진국의 헌법은 규범적 헌법이고, 중남미나 아시아, 아프리카 국가 대부분은 명목적 헌법이다. 명목적 헌법의 나라들은 선진국의 헌법을 가져다 쓸 뿐, 헌법의 내용대로 나라를 경영하지는 않는다.

1987년까지 우리나라 헌법 역시 명목적 헌법에 가까웠다. 헌법에선 신체의 자유를 보장한다고 하면서도 적법절차를 무시한 불법 구속이 횡행했고, 헌법에선 표현의 자유를 보장한다고 하면서 언론의 눈과 귀를 막는 정치가 수십 년간 이어졌다. 헌법이 명령한 민주공화국으로서의 모습은 온 데 간 데 없이 자의와 억압에 의한 통치를 계속했다.

그 와중에 헌정사의 가장 큰 불행이라고 할 12·12 사태와 5·18

---

* 정재황, 《신 헌법입문》(제5판), 박영사, 2015, 19면.

민주항쟁이 일어났다. 그리고 1987년 시민혁명을 통해 부분적으로나마 민주화를 이뤄 냈고, 그 결과로 여야 합의 아래 1987년 헌법이 탄생했다. 우리는 그 헌법에 따라 2020년 현재까지 민주화된 나라에서 살고 있으며, 우리 헌법은 명목적 헌법에서 규범적 헌법을 향해 점점 더 나아가고 있다.

그렇다면 1987년 이전과 이후 헌법의 가장 큰 차이는 무엇일까? 무엇이 우리 헌법을 명목적 헌법에서 규범적 헌법으로 변모하게 한 것일까?

냉정하게 옳은 결정을 할 용기: 헌법재판소

선진국의 헌법은 단순히 선언문에 그치는 게 아니라 그대로 재판 규범이 된다. 가령 '법 앞의 평등'이나 '표현의 자유' 등 기본권을 침해받은 국민은 헌법상 기본권 조항을 근거로 법원이나 헌법재판소에 직접 소송을 제기할 수 있다. 이것을 '헌법소원'이라고 한다. 다시 말해 침해받은 기본권을 되찾도록 도와달라고 헌법재판소에 청구할 수 있는 권리, 이것을 '헌법소원 청구권'이라고 한다. 한편, 국회가 헌법 규정에 반하는 법률을 제정할 경우에는 '위헌 법률'이니 무효임을 선언해 달라고 청구할 수 있고, 대통령 등 고위공직자가 헌법 규정에 반해 공권력을 남용하면 '탄핵'을 청구할 수도 있다.

이처럼 정부가 헌법 규정을 위반하며 공권력을 행사 또는 불행사할 때 국민들은 이의를 제기할 수 있다. 그러면 헌법재판소는 실제로 헌법에 위배되는지를 심판하는데, 이것을 '헌법재판'이라고 한다. 헌법재판 제도는 1987년 개정된 헌법에서부터 본격적으로 시행됐다. 당시 헌법을 통해 헌법재판소에는 5가지 중요한 심판권, 즉 위헌법률심판권, 탄핵심판권, 정당해산심판권, 권한쟁의심판권, 헌법소원심판권이 주어졌다.

헌법 제111조
① 헌법재판소는 다음 사항을 관장한다.
1. 법원의 제청에 의한 법률의 위헌 여부 심판
2. 탄핵의 심판
3. 정당의 해산 심판
4. 국가기관 상호 간, 국가기관과 지방자치단체 간 및 지방자치단체 상호 간의 권한쟁의에 관한 심판
5. 법률이 정하는 헌법소원에 관한 심판

하나같이 굵직굵직하고 의미 있는 심판권이다. 실제로 헌법재판소는 노무현, 박근혜 두 전 대통령에 대한 탄핵심판을 한 바 있고, 그 결과 박근혜는 임기 중 졸지에 감옥에 갇히고 말았다. 바야흐로 헌법재판소가 대한민국 정치사의 중심에 우뚝 서게 된 것이다.

물론 여기까지 오기까지는 우여곡절이 많았다.

1970년대에는 어떤 법률이 헌법에 위배되는지 여부를 판단하는

헌법재판소의 내부 풍경. 헌법재판소장과 재판관들이 '최저임금 인상'의 위헌 여부에 대한 공개변론을 위해 자리에 앉아 있다.

위헌법률심판권이 대법원을 포함한 일반법원에 있었다. 당시 1971년 박정희 군사정권 시절에 대법원이 위헌법률심판권을 행사한 적이 있다. 전쟁이나 훈련 중 다친 군인은 국가가 정한 보상금 외에 따로 손해배상을 청구할 수 없도록 한 '국가배상법' 조항에 대해 대법원이 과감히 위헌 선고를 내린 것이다. 당시 베트남 참전 등으로 다친 군인들이 많았는데 그들이 줄줄이 소송을 건다면 국가로선 감당하기가 어려운 상황이었다. 박정희 정권은 그런 결정을 내린 판사들에게 보복을 감행했고, 실제로 이듬해 판사 재임용 과정에서 정부에 밉보인 판사들이 옷을 벗어야 했다. 그 결과 제1차 사법파동(사법부의 독립 보장과 개혁을 요구하는 현직 판사들의 집단행동)이 일어났다.

사법파동을 계기로 법원은 '헌법재판은 관여하지 않는 게 상책'이라고 생각하게 됐고, 실제로 그 후로는 위헌 판결을 선고한 적이 한 번도 없었다. 그 후 전두환 정권 때인 1980년 헌법에서 위헌법률심판권이 법원이 아닌 헌법위원회라는 곳에 귀속됐는데, 헌법위원회 역시 이후 7년간 한 번도 위헌법률심판을 하지 않았다. 당시 헌법위원회가 한 일이라고는 해외시찰밖에 없다고 말하는 사람들도 있다.

새로 제정된 1987년 헌법은 대법원도, 일반법원도 아닌 전혀 새로운 기관 하나를 헌법에 두게 되는데, 그게 바로 헌법 제111조에 규정된 헌법재판소이다. 헌법을 명실상부한 재판 규범으로 격상시키고, 우리 사회의 헌법적 감수성을 높이는 중차대한 작업을 법관 자격을 가진 9명에게 맡긴 것이다.

헌법 제111조
② 헌법재판소는 법관의 자격을 가진 9명의 재판관으로 구성하며, 재판관은 대통령이 임명한다.

헌법 제111조에 따라 탄생한 헌법재판소의 첫걸음은 비참할 정도로 미미했다. "임명장을 받은 재판관들은 서울 정동 정동빌딩 16층 옛 헌법위원회 사무실에 짐을 풀었다." 처음에는 별로 할 일이 없어서 "커피를 마시거나 조간신문을 읽으며 오전을 보냈다. 점심때가 되면 근처 서소문이나 신문로 식당으로 함께 나서기도 했다. 주로 한 일은 다 같이 모여 텔레비전을 보는 것이었다. (…) 9월에는 서울올림픽 중계를 보며 시간을 보냈다".*

그러던 헌법재판소가 불과 30년 만에 이뤄낸 성과는 놀랍기만 하다. 1988년 9월 1일부터 2017년 9월 30일까지의 통계에 따르면 총 처리 건수가 3만 1,473건이었다. 어림잡아 1년에 1,000건 이상을 처리하면서 헌법재판소는 엄청난 속도로 달려온 것이다. 그 가운데 넓은 뜻의 위헌성 결정도 1,490건(4.7%)에 달한다. 2006년에는 심

---

* 이범준, 《헌법재판소, 한국 현대사를 말하다》, 궁리, 2009, 26~27쪽.

지어 23.4%의 비율로 위헌성 결정을 내렸다. 헌법재판소가 그야말로 작정하고 달려든 느낌이다.

헌법재판소의 과감한 사법적극주의 결정은 계속 이어졌다. 민법의 동성동본 결혼금지 조항에 대한 헌법불합치 결정(1997), 민법의 호주제 조항에 대한 헌법불합치 결정(2005), 형법의 간통죄에 대한 위헌 결정(2015) 등이 두드러진 사례이다. 국회나 행정부가 정치적 위험 부담 때문에 섣불리 손대지 못했던 논쟁적 사안들이 헌법재판소 결정을 통해 변화의 숨통을 찾은 것이다.

헌법재판소의 노력과 결실에 대해서는 높이 평가하지 않을 수 없다. 위헌법률심판은 물론이고 국민의 기본권 보장을 위한 헌법소원 사건에서 헌법재판소가 보여준 열의와 강단은 그대로 헌법재판소의 결정에 켜켜이 쌓여 있다. 태어난 지 30년밖에 안 된 기관이 국가의 중대사를 이렇게 훌륭하게 처리해 온 공로는 그야말로 눈부시다고 할 수밖에 없다. 두 번의 대통령 탄핵 심판이라는 초유의 사태에서도 흔들림 없이 국민의 뜻을 받들어 온 것은 두고두고 역사가 평가할 것이다. 헌법을 '장식품'에서 '지켜야 할 법'으로 바꾼 데에는 헌법재판소의 역할이 절대적이었음은 물론이다.

그래도 우리 헌법재판소에 대해 아쉬운 점이 없는 것은 아니다. 정치인들의 입장에서 볼 때 가장 좋은 결정은 가장 많은 사람이 지지하는 결정이다. 정치란 결국 투표를 통해 진행되는 일이니 다수의 의견을 따르는 게 맞지, 굳이 힘들게 소수 의견을 따를 필요가 없다. 하지만 법원이나 헌법재판소의 결정은 다르다. 대개는 여론이 지지하는 쪽이 옳은 결정이겠지만 꼭 그런 것만은 아니다. 그런 의미에서 지난 30년간 헌법재판소가 지나치게 여론을 의식해 온 것은 아닌가 하는 의구심을 떨칠 수 없다.[*]

다수 의견이 항상 옳지만은 않다는 것을 우리 모두가 기억해야 한다. 히틀러가 독일 국민의 절대적 지지를 받고 총통 자리에 오른 이후 유대인 600만 명이 이유 없이 살육당한 적이 있다. 그때도 몇몇 헌법학자들은 '헌법 제정권자의 결단'이라는 명목으로 다수의 지배를 지지하는 견해를 표명한 바 있다. 무서운 점은 이것이다. 다수의 편에 있으면 이게 옳은 방향인지 아닌지 판단하기가 어렵다.

이제 30년의 세월을 지나 성숙기에 접어든 헌법재판소에 바란다. '다수가 원하지는 않지만, 옳은 결정'을 내려 주기를. 당장은 국민의 의사에 반하지만 진정한 국민의 의사에 부합하는 결정을 내리는 일, 이게 바로 헌법재판소의 사명이고 숙명일 것이다.

헌법 제37조 제1항은 "국민의 자유와 권리는 헌법에 열거되지 아니한 이유로 경시되지 아니한다"고 선언하고 있다. 헌법은 보이는

---

[*] 차동욱, 〈공간분석 모델을 통해 본 헌법재판소의 전략적 판결 과정〉, 한국정치학회보 (2006) 40권 5호 참조.

글자가 다가 아니다. 보이지 않는 목소리까지 듣기 위해서 깊은 '역사와의 대화'가 필요하다. 이를 통해서 국민의 진정한 의사를 밝혀내는 과제가 헌법재판소 앞에 놓여 있다.

헌법을 위하여

영국 사람들은 영국인이라는 것을 자랑 삼아 이렇게 외친다.

"여왕 폐하 만세!"

독일 사람들은 이에 맞서서 민족의 혈통을 내세운다.

"게르만 민족 만세!"

프랑스 사람들은 그보다는 혁명의 기억을 최고의 자산으로 친다.

"자유와 평등과 박애를 위하여!"

그렇다면 미국 사람들은 어떨까? 그들은 여왕도 없고, 민족적 동질성도 없고, 혁명의 기억도 없다. 대신 그들에게는 헌법이 있다. 그래서 이렇게 외친다.

"미합중국의 헌법을 위하여!"

몇 년 전 작고한 스칼리아 대법관은 이게 미국인의 특징이라고 했다. 대서양부터 태평양까지, 높은 산에서 낮은 초원까지, 사막부터 신록이 우거진 록키산맥까지 다양하고 광활한 국토 위에 인종도, 민족도, 언어도 다른 사람들이 모여 사는 나라. 그들을 묶고 있는 것은 몇 글자 되지 않는, 바로 헌법이다. 미국이라는 커다란 나라가 갈등과 분열을 극복하면서 부강한 나라로 발돋움할 수 있었던 것도 반쯤은 헌법을 제정하고 지켜 온 역사의 힘이라고 볼 수 있다.

자세히 읽어 보면 우리 헌법도 미국 헌법 못지않다. 쉽지는 않겠지만 우리 헌법이 가리키는 방향으로만 정진하면 세계 어느 나라에도 부끄럽지 않은 자랑스럽고 부강한 나라가 될 수 있다. 다만 문제는 그 헌법을 얼마나 깊이 이해하고 고민하는가 하는 점이다. 거추장스러우면 고치면 그만이라고 생각할 수도 있다. 하지만 우리 헌정사의 불행은 결국 이런 생각 때문이었다는 걸 기억하면서, 이제 헌법에 적혀 있는 것만이라도 충실하게 지키고 있는지 돌아봐야 할 때다.

민법 이야기: 계약은 지켜져야 한다 

패스트푸드점에서 내가 주문할 차례가 되자 잠시 메뉴판을 쳐다본다. 뭘 먹을까 고민 중이다. 그런데 뒷사람이 내게 빨리 주문하라는 듯 자꾸 구시렁거린다. 심지어 내 옆으로 와서 자신이 먼저 주문하려고 한다. 나는 참지 못하고 이렇게 쏘아붙인다.

"저기요, 좀 가만히 계세요! 저 지금 계약 중이거든요."

"뭐요?"

"계약 중이라고요, 계약! 안 보여요? 계약 중인 거."

패스트푸드점에서 햄버거를 사는 행위도 '계약(契約, contract)'의 하나다. 어떤 햄버거를, 얼마짜리를 사서 먹을지는 중요한 문제다. 그래서 의사 결정을 해야 한다. 불고기버거로 정할지, 늘 먹던 치즈버거로 정할지. 그게 그렇게 오래 걸리는 일도 아니다. 그런데 그 몇 초를 못 참고 뒤에서 방해를 하다니.

계약은 사회생활에서 아주 중요한 역할을 한다. 햄버거가 아니라 집을 산다고 생각해 보자. 그때는 누가 말을 붙이는 것조차 엄청나게 성가시게 다가올 것이다. 만약 20억짜리 아파트를 사기 위해서 부동산중개소에 간다고 치자. 예민한 사람은 밤잠을 설칠 수도 있고, 만일 꿈자리가 나빴다면 거의 성사된 계약에 대해 다시 생각해 볼 수도 있다. 계약은 그만큼 중요한 행위다. 누구의 간섭도 받지 않고 숙고할 시간이 필요하다.

결혼도 마찬가지로 우리가 맺는 계약 중 하나다. 계약한 배우자와 평생을 함께 살아가야 하는데 쉽게 결정할 수 없다. 취업도 마찬가지다. 지원서를 내고 면접을 치르고 합격자 발표일까지 기다리고 나서야 마침내 근로 계약을 맺는다. 결혼과 취직에 대해 계약한 순간이 인생에서 가장 중요한 때였다고 말하는 사람도 있다.

우리는 살면서 무수히 많은 계약을 한다. 계약 내용대로 이행하기도 하고, 계약이 어긋나면 실망하기도 하고, 배상을 하거나 책임을 지기도 한다. 그러고 보면 우리 인생은 계약의 연속이다. 봉건사회에서 현대사회로 오는 것을 "신분에서 계약으로"라고 정의한 영국의 법학자 헨리 메인(1822~1888)은 그 변화의 핵심을 제대로 짚은 것이다. 우리는 계약 없이는 단 하루도 살아갈 수 없다.

물건과 계약에 관한 법

우리 민법이 생각하는 세상은 이렇다. 사람은 누구나 살아가는 동안 권리와 의무의 주체가 된다. 누구나 평등하게 법적인 관계를 맺으면서 살아간다. 다만 그러기 위해서는 어느 정도는 배우고 성장해야 한다. 민법 제4조를 보면 "19세로 성년에 이르게 된다"고 규정해 놓았다. 미성년일 때는 판단 능력이 미숙하기 때문에 타인과 자유롭고 평등한 관계를 맺고 유지하기가 어렵다. 그래서 미성년자가 맺은 계약은 취소할 수 있다.(민법 제5조 제2항) 다만 법정대리인인 부모가 "범위를 정하여 처분을 허락한 재산은 미성년자가 임의로 처분할 수 있다"(민법 제6조). 쉽게 말해 부모님이 학용품 사라고 준 용돈 정도는 미성년자도 맘대로 쓸 수 있다.

민법은 사람이 살기 위해서는 집이나 옷, 돈 같은 물건이 필요하다고 본다. 그 가운데 토지에 붙어 있는 집이나 나무, 담벼락, 건물 등은 쉽게 움직일 수 없기 때문에 '부동산(不動産)'이라고 부르고, 그 외 모든 물건을 '동산'이라고 부른다. 돈도 들고 다닐 수 있기 때문에 크게 보면 동산에 속한다.

동산이든 부동산이든 자신의 물건에 대한 권리를 '물권(物權)'이라고 한다. 물권 중에서 가장 완전한 것은 당연히 '소유권'이다. 물건을 소유하진 못하지만 사용할 수 있는 물권도 있고, 사용은 안 하지만 그 담보 가치만 잡고 있는 물권도 있다. 전세권(傳貰權)이 물건을 사용할 권리이고, 저당권(抵當權)이 담보 가치만 잡고 있는 권리다. 저당권이 있는 사람은 언젠가 소유권자가 빚을 갚지 못하면 물건을 팔아서 원금과 이자를 회수할 수 있다. 이 점을 명확하게 알리기 위해 등기부에다 이름과 빌려준 돈의 액수 등을 적어 놓는다. 이를테면 "소유권자 갑, 저당권자 을, 빌려준 돈 5억"과 같이 적는다.

사람들은 자신의 물건에 대해 다른 사람과 거래를 한다. 돈을 주고 물건을 사는 것을 '매매'라고 하고, 물건과 물건을 바꾸는 것을 '교환'이라 한다. 물건을 쓰고 쓴 만큼의 양을 돌려주는 것을 '소비대차', 물건을 쓰다가 그 물건 그대로 돌려주는 것을 '사용대차', 물건 중에 특히 부동산을 쓰다가 돌려주는 것을 '임대차'라고 하며, 다른 사람에게 일을 시키고 보수를 주는 것을 '고용'이라고 한다. 물론 거래할 때 반드시 물건이 필요한 것은 아니다. 예를 들면 보수 없이 사무 처리를 위탁하는 것을 '위임'이라고 한다.

이처럼 사람과 사람 사이에 법적인 필요에 따라 맺는 관계를 '법률관계'라고 한다. 그중에서 "나는 A를 할 테니 너는 B를 해라"는 식으로 서로 뭔가를 해 줄 것을 약속하는 것도 계약이다. 이때 A와 B는 대가관계(줄 것과 받을 것이 법률적으로 연결돼 있는 것)에 있다고 한다.

계약을 하는 데 반드시 돈과 문서가 있어야 하는 건 아니다. 중요한 것은 계약이란 두 사람 이상이 하는 법적인 행위라는 것, 그리고 반드시 지켜야 한다는 것이다. 국가는 사람들 사이의 계약이 자유롭게 체결되도록 보장하고, 계약이 지켜지지 않을 때 지키도록 만들어야 하고, 계약 위반에 대한 책임을 지도록 해야 한다. 이것이 국가가 민법을 제정하고 시행하는 가장 중요한 이유다. 민법이란 간단히 말해 '물건과 계약에 관한 법'이다.

계약은 틀어졌을 때 눈에 보인다

의식하지 못하는 동안에도 우리는 누군가와 끊임없이 계약을 포함한 법률관계를 맺으며 살아간다. 하지만 그 사실을 딱히 의식하지 못하는 이유는 두 가지다.

첫째, 오늘날 대부분의 계약은 특별한 계약이 아니라 이미 그전에 하던 행위를 반복하는 것일 뿐이다. 물건을 사고, 돈을 빌리고, 여행을 하고, 버스를 타는 것 모두 누구나 하는 것이기 때문에 그 계약 내용이 대략 정해져 있다. 법으로 규정돼 있거나 아니면 일정한 틀이 있어서 그 내용을 바꾸는 게 별 의미가 없는 것도 있다.

"물구나무서기를 한 채 브루클린 다리를 건너오면 5,000달러를

드리겠습니다."

"알겠습니다. 내일 새벽 5시에 다리를 건너기 시작하겠습니다."

"앞으로 네가 성인이 될 때까지 담배를 피우지 않고 성실하게 신앙생활을 하면 성인이 되는 날 내 재산의 반을 주겠다."

"지금 당장 시작하죠. 새벽기도 다녀오겠습니다."

이런 특별한 계약이라면 모를까, 우리는 계약을 하는 줄도 모르고 많은 계약을 하며 살아간다. 예를 들어 시장에 다녀오고 나서 '나는 오늘 시장에서 몇 건의 계약을 체결했고, 그중 한 가게에선 가격에 대한 의견 차이로 계약 체결에 이르지 못했다'라는 식으로 따져볼 사람은 없다. 하지만 틀림없는 사실은 우리는 시장에 다니며 끊임없이 계약을 맺고 이행하고(돈을 주고 물건을 받고) 있다는 점이다.

둘째, 계약 건이 있었다는 걸 의식하게 되는 시점은 보통 계약이 틀어졌을 때지, 순조롭게 진행될 때가 아니다. 우리가 맺는 대부분의 계약은 목적 달성으로 끝나고 말기 때문에 계약했다는 사실 자체를 의식하지 못하는 경우가 많다. 편의점에서 담배를 사서 피우면서 누가 굳이 담배에 대한 매매계약의 성격에 대해 생각해 보겠는가.

계약에 대해서 의식하는 순간은 일진이 좋지 않은 날, 즉 계약이 줄줄이 틀어질 때다. 열심히 골라서 사 온 토마토를 먹으려고 보니까 맛이 너무 없고(매매), 전세집 주인이 갑자기 집을 비워 달라고 하고(임대차), 친구가 빌려간 노트북을 돌려주지 않고(사용대차), 은행에서 갑자기 대출금을 상환하라는 전화가 오고(소비대차), 커피집 사장이 내일부터 일하러 나오지 말라고 할(고용) 때다. 이럴 때 우리는 그동안 수많은 계약관계를 맺고 있었다는 점을 의식하고, 법적으로 해결 방안이 있나 생각하게 된다. 즉, 민법을 들춰 보게 된다.

그렇다면 민법에는 뭐라고 적혀 있을까?

민법은 먼저 법이 관여할 사안과 관여하지 않을 사안을 구분한다. 가령 친구가 영화관에 함께 가기로 한 약속을 깨뜨렸다고 해서 소송을 걸 사람은 없을 것이다. 같은 약속이라도 이런 종류의 약속에는 굳이 법이 나설 필요가 없다. 이렇게 법이 끼어들어 해결할 필요가 없는 관계를 '호의관계'라고 한다.

호의관계가 아니면서 그 내용이 우리 사회의 기본 질서에 반하는 것이 아닌 이상 우리 민법은 모든 계약은 이행돼야 한다고 믿는다. 예를 들어 평생 노예로 일한다든가, 혼인한 자가 또 다른 사람과 이중 결혼을 한다든가, 마약 밀수를 위한 계 모임을 한다든가 하는 비상식적인 내용의 계약이 아닌 이상 말이다.

만약 어느 한쪽의 책임으로 계약이 목적대로 이행되지 않으면 그에 대한 책임을 져야 한다. 우리 민법의 지도 이념 중 하나가 바로 '과실책임의 원칙'이다. 과실책임의 원칙이란 계약을 맺은 각자는 자신의 행동에 대해 충분한 주의를 하면 책임을 질 필요가 없다는 원칙, 즉 잘못한 것에 대해서만 책임지면 된다는 원칙이다.

계약은 이렇게 책임이 따르기 때문에 무서운 것이다. 계약을 통해서 우리는 자유롭게 다른 사람의 물건을 이용할 수도 있고, 다른 사람의 도움을 받을 수도 있지만, 그에 따른 책임 역시 피할 수 없다. 가령 집을 사기로 계약해 놓고 마음이 바뀌어서 안 사기로 했다면 집값의 약 10%를 포기해야 할 수도 있다(민법 제565조 제2항 참조). 계약은 반드시 지켜야 한다는 말은 당장 적용되는 법 규범이다.

빌려준 돈을 돌려받는 방법

우리나라 민법상 계약은 낙성(諾成)계약이 원칙이다. 계약을 할 때 당사자 간의 의사 표시만 맞으면 되지, 그 외의 행위는 필요 없다는 뜻이다. 계약서를 쓰고 도장을 찍어야만 계약이 체결되는 게 아니다. 중요한 내용에 대해서 당사자 간의 의견이나 생각이 일치하기만 하면 된다. 가령 갑이 친구 을에게 돈을 빌리는 상황을 생각해 보자.

"을, 돈 좀 빌려줄래?"

"얼마나?"

"다섯 장."

"알았어."

이렇게만 말이 오가도 갑과 을 사이에 실제로 '소비대차' 계약이 체결된 것이다. 을은 갑에게 계약 내용대로 다섯 장을 주고, 나중에 갑은 을에게 다섯 장을 갚으면 된다. 이자가 얼마인지 정할 필요도 없다. 언제까지 갚을 건지 정하지 않아도 계약은 유효하게 성립된다. 이자는 갑과 을이 이전에 거래했던 대로 따르면 되고, 이전의 거래가 없었다면 민법에서 정한 '법정이율'에 따르면 된다. 돈을 빌린 갑은 언제든 빌린 돈을 갚음으로써 계약관계를 끝낼 수 있고, 돈을 빌려준 을은 날짜를 정해 그 날짜까지 돈을 돌려줄 것을 요구하고, 그 날짜에 돈을 돌려받으면 된다.

그럼에도 우리가 500만 원을 빌리면서 굳이 '차용증'을 쓰는 이유는 나중에 소송할 때 계약이 있었다는 사실을 입증하기 위함이다. 차용증이 없다고 해서 계약한 적이 없다고 보는 건 아니지만, 차용증이 없으면 증명하기가 좀 더 까다롭다.

우리 민사소송법상 입증 책임은 원고, 즉 소송을 제기한 자에게 있다. 가령 돈을 빌려주고 제때 받지 못한 을이 갑을 상대로 '대여금 청구소송'을 제기했을 때 을은 갑과의 사이에 연이율 10%로 500만 원을 빌려준 적이 있다는 점을 입증해야 한다. 그래야 원금과 이자를 받아 낼 수 있다.

차용증이라고 해서 거창하게 쓸 것도 없다. 그냥 백지에다 "나 을은 갑에게 다섯 장을 빌려줌. 연이율 10%, ○○월 ○○일"이라고 간단히 쓰고 서명을 하면 된다. 별거 아니지만 나중에 중요한 증거 자료가 된다. 그런데 이 정도 절차도 안 밟아서 낭패를 보는 경우가 많다. 돈을 빌려주는 계약은 통장 내역이라도 있어서 증명하기가 쉽다. 반면에 친구끼리 맺는 동업 계약에서 말로만 약속하고 문서를 남기지 않아 나중에 분쟁이 생기는 경우가 많다. 그때 가서 옥신각신해 봐야 감정의 골만 깊어진다. 처음에 말한 금액보다 많은 돈을 가져갔다고 소를 제기하고, 그에 대해 상대방이 적극적으로 다투면 분쟁은 더욱 복잡해진다. 이런 사태를 방지하기 위해서라도 모든 계약은 서류나 녹음 등 흔적을 남겨야 한다.

계약에서 소송으로

계약이 틀어지고 나서 을에게 500만 원의 손해가 생길 경우, 당사자 간 협의를 통해 잘 해결하면 좋지만, 그게 여의치 않으면 결국 소송으로 간다. 소송에서 "갑은 을에게 500만 원과 그에 따른 이자를 지급하라"는 판결을 받는 것을 '집행권원'을 얻었다고 한다. 을은 갑의 재산에 대해 집행할 자격을 얻었다는 뜻이다. 소송 목적물이 물건, 즉 부동산이나 동산이라면 피고(갑)에게 그 물건을 빼앗아서 원고(을)에게 넘겨주면 되고, 돈이라면 피고의 물건을 경매에 붙이거나 팔아서 그 금액을 지급해 주면 된다. 아울러 원고가 지급한 변호사 비용까지 법에서 정한 수임료 한도에서 지급해 줘야 한다. 결국 소송 결과에 따라 갑의 재산으로 책임을 물게 하는 것이 '민사소

차 용 증

채권자 성명 :　　　　　　　(주민등록번호 :　　　　-　　　　)
주 소 :
연락처 :

채무자 성명 :　　　　　　　(주민등록번호 :　　　　-　　　　)
주 소 :
연락처 :

차용금액 일금 : 금　　　　　　　　정 (₩　　　　원)

위 금원을 정히 차용하고 아래 조항을 이행할 것을 확약합니다.
1. 이자는 년 약　　%로(월 이자금　　　　원) 정하고 매월　　　일자에
채권자의 주소지에 지참변제 하거나 계좌입금을 하기로 한다.
2. 원금의 변제는　　　년　월 까지로 하고 채권자의 주소지에 지참
변제하거나 계좌입급을 하기로 한다.
3. 이자의 지급을 1회라도 연체할 때에는 채무자는 기한의 이익을 상실하고
채권자는 원리금 잔액을 청구하여도 이의 없이 변제하기로 함.
4. 본 채무에 관한 분쟁의 재판관할은 채권자의 주소지를 관할하는 법원으로
정함.

위 계약을 확실히 하기 위하여 이 증서를 작성하고 기명날인하여 각자
1부씩 보관한다.

20　　년　　월　　일

채권자　　　　　　(인)

채무자　　　　　　(인)

차용증 양식

송'이다.

 민사소송에서 이겼다면 이제 중요한 것은 피고의 재산을 확보하는 일이다. 그러지 못하면 소송에 이겼다는 게 아무 의미가 없다. 보증(다른 사람의 빚을 대신 갚아 준다는 취지의 일종의 '계약')을 선 사람이 아니라면 피고의 가족이나 친지에게 대신 집행할 수도 없는 노릇이다. "사모님, 아드님께서 제 돈을 빌리고 안 갚았는데, 오늘 서울중앙지방법원에서 제가 아드님을 상대로 승소 확정판결을 받았습니다. 조만간 한번 찾아뵙겠습니다." 이런 전화라도 했다간 상대는 전화를 그냥 끊어 버릴 것이다. 아들의 빚을 부모가 대신 갚을 의무는 없다.

 승소한 쪽은 재산명시 신청을 해서 책임재산의 소재를 파악하는 게 급선무다. 재산명시 신청이란 채무자로 하여금 재산 상태를 명시한 재산 목록을 제출하도록 법원에 신청하는 것이다. 법원이 재산명시 결정을 내리면 채무자는 재산 상태를 솔직하게 공개해야 한다. 강제집행(경매 등을 통해서 빚을 갚게 만드는 것)이 가능한 부동산 등의 재산을 보여주는 것은 물론이고, 최근 1년 내에 부동산을 돈 받고 판 게 있다면 그것까지 공개해야 한다. 채무자가 소송을 앞두고 주요 재산을 빼돌린 건 아닌지 확인하는 것이다. 만약 채무자가 이를 성실히 수행하지 않는다면 채무자를 최대 20일까지 감치(監置), 즉 유치장에 가둘 수 있다.

 만일 재산명시 신청을 통해 집행할 재산이 부족하다고 생각하면 법원에 '재산조회'를 신청한다. "법원이 채권자의 신청에 의하여 개인의 재산 및 신용정보에 관한 전산망을 관리하는 공공기관, 금융기관, 단체 등에 대하여 채무자 명의의 재산에 대한 조회"를 하는 것이다. 이렇게 채권자 입장에서는 채무자 재산을 최대한 찾아본다. 그래도 집행할 재산이 부족하면 최후 수단으로 채무자에 대한 채무불이행자 명부 등재를 요청할 수 있다. 즉 "이 사람은 빚을 잘 안 갚으니 앞으로 이 사람과 거래할 때는 조심하십시오"라는 통지를 '전국은행연합회장'에게 보낼 수 있는 제도다. 이렇게 되면 채무자는 은행계좌 개설, 신용카드 발급, 휴대전화 개설 등을 하는 데 장애가 생기기 때문에 채무 이행을 간접적으로 압박하는 효과가 있다.

하지만 소송이 끝나고 난 다음에 뒤늦게 재산을 뒤지고, 채무자에게 채무불이행자의 낙인을 찍어 봐야 채권자 입장에서는 궁극적으로 만족스러운 결과가 아니다. 뒤져도 무일푼이었다면 아예 처음부터 소송을 안 하는 게 나았을 것이다. 따라서 소송을 제기하기에 앞서 미리 채무자의 재산을 확보해 놓는 방안을 생각해 봐야 하는데, 이것이 바로 '보전처분'이다.

가압류와 가처분

보전처분에는 가압류와 가처분이 있다. 채권자는 본격적인 소송에 앞서 나중에 집행할 동산이나 부동산을 임시로 확보해 두게 하는 '가압류'를 신청할 수 있다. 채무자 소유의 물건을 찾아내서 그 관할법원에 가압류 신청을 함으로써 소송이 끝날 때까지 채무자가 재산을 빼돌리지 못하도록 묶어 두는 것이다. 만약 계약의 목적이 어떤 특정한 집에 들어가서 사는 것이라면 그 집을 팔지 못하게 '처분금지가처분'을 청구할 수 있다. 차량 등이 목적이라면 다른 사람에게 넘기는 것을 금지하는 '점유이전금지가처분'을 청구해서 판결 이후를 대비할 수도 있다. 이런 걸 통틀어 '가처분'이라고 한다.

틀어진 계약은 다음의 순서로 종결에 이른다. 일단 일종의 경고장인 내용증명 우편을 보내고, 보전처분이 시작되며, 소장을 보내고, 재판을 받아서 판결을 받은 다음 집행에 이른다.

단, 소송에도 종류가 있다. 청구금액이 3,000만 원 이하인 사건은 '소액사건'으로 분류되고, 그 이상은 판사 1명이 심판하는 '단독사건', 2억이 넘어가면 판사 3명이 심판하는 '합의부사건'이 된다. 사건번호도 소액사건은 '가소', 단독사건은 '가단', 합의부사건은 '가합'으로 따로 나온다. 가령 사건번호가 '2018가소1101'이라면 '2018년 민사소액사건 중 1101번째 사건'이라는 뜻이다.

단독사건이나 합의부사건과 달리 소액사건에서는 법원이 바로 조정절차에 들어갈 수 있다. 법원이 개입해서 당사자 간에 합의에 이를 수 있는 길을 일찍 모색하는 것이다. 그 밖에는 소액사건이라고 해서 다른 민사사건과 큰 차이가 있는 것은 아니다.

가족 간의 계약

혼인도 역시 계약이다. 혼인을 하면 부부간에 권리와 의무가 생긴다. 같이 살면서 서로 도와야 하는 게 혼인 계약의 내용이다. 만일 결혼생활 중에 어느 한쪽이 의무를 다하지 않으면 그 계약관계를 지속할 수 없다. 이처럼 지속할 수 없는 사유로 혼인 계약을 끝내는 것을 이혼이라고 한다. 이혼 역시 당사자 간의 협의로 끝낼 수도 있지만, 그렇지 않으면 소송을 거쳐야 한다. 소송 결과 잘못이 있는 쪽은 정신적 손해에 대한 위자료를 배상해야 한다. 부부 공동재산의 분할을 요구할 수도 있는데, 이것을 '재산분할 청구권'이라고 한다.

혼인과 같은 가족법상 계약은 보통의 계약과 한 가지 다른 특징이 있다. 바로 계약 중에 아이를 낳아 '친자관계'가 생겼을 경우다. 부부간 계약은 끝낼 수 있어도 친자관계는 끝낼 수 없다. 이혼을 하고 나도 부모 각각과 자식 간에는 친자관계가 남는다. 나중에 부모 중 한쪽이 사망하면 그 재산은 좋든 싫든 친자에게 상속된다.

동관과 서관 사이

지금까지 우리는 사람 간의 계약관계에 대해 살펴봤다.

계약은 이익에 대한 가능성과 위험성을 동시에 갖고 있다. 아무런 계약도 하지 않으면 아무런 이익도 바랄 수 없으므로 계약은 일단 해 볼 만하다. 다만 서로 속내가 다른 사람 간의 계약에는 항상 위험이 도사리고 있다. 투명하고 공정한 계약이 이루어지도록 서로 노력해야만 좋은 결과에 이를 수 있다. 그래서 우리 민법은 제2조에서 신의성실의 원칙을 선언하고 있다.

 **민법 제2조(신의성실)**
① 권리의 행사와 의무의 이행은 신의에 좇아 성실히 하여야 한다.

그런데 만약 어떤 사람이 처음부터 속일 작정을 하고 계약에 나선다면 어떻게 될까? 예를 들어 돈 한 푼 없는데 식당에 들어가 음식을 주문한다든가, 돈 갚을 능력이 없는 사람이 감언이설로 상대를 꾀어 돈을 꾼다든가 한다면? 아니면 배우자가 있는 남자가 총각인 것처럼 속여서 새로운 여자를 만나 결혼한다면?

이런 일을 '사기'라고 하며, 사기는 형법으로 처벌되는 중범죄다.

 **형법 제347조(사기)**
① 사람을 기망하여 재물의 교부를 받거나 재산상의 이익을 취득한 자는 10년 이하의 징역 또는 2천만 원 이하의 벌금에 처한다.

그나마 10년 이하의 징역에 처하는 것은 피해액이 적을 경우다. 피해액이 5억 원이 넘으면 3년 이상 30년 이하의 징역에 처하고,

50억이 넘으면 무기징역까지 선고될 수 있다. 남을 등쳐 먹으려다 평생 감옥에서 썩을 수 있다는 것을 명심해야 한다.

 **특정경제범죄 가중처벌 등에 관한 법률**
제3조(특정재산범죄의 가중처벌)
① 「형법」 제347조(사기), (…), 제356조(업무상의 횡령과 배임)의 죄를 범한 사람은 그 범죄행위로 인하여 취득하거나 제3자로 하여금 취득하게 한 재물 또는 재산상 이익의 가액(이하 이 조에서 "이득액"이라 한다)이 5억 원 이상일 때에는 다음 각 호의 구분에 따리 가중처빌한다.

1. 이득액이 50억 원 이상일 때: 무기 또는 5년 이상의 징역
2. 이득액이 5억 원 이상 50억 원 미만일 때: 3년 이상의 유기징역

문제는 사기성이 있는지 구분하기가 쉽지 않다는 것이다. 처음부터 기망, 즉 남을 속일 의도로 계약을 맺었다면 사기이고, 사기성은 없는데 계약을 이행하지 못했다면 단순한 '계약 위반'이다. 계약을 통해 사기당하지 않으려면 의도 파악을 잘해야 한다. 물론 이익에 욕심내다가 자신이 사기꾼이 되는 일도 없어야 한다. 사기는 1년에 수십 만 건씩 발생하는, 우리나라 3대 범죄 가운데 하나다.

계약 과정에서 상대방의 계약 위반으로 만족스러운 결과를 얻지 못했다면 민사소송을 제기하면 된다. 서울중앙지방법원을 마주했을 때 오른쪽 건물인 '동관'으로 가서 소장을 접수하면 된다. 이때

계약 위반과 손해 사실을 입증해야 배상을 받는다. 만일 상대방에게 처음부터 기망의 의도가 있었다고 판단된다면 법원에 가기 전에 먼저 수사를 의뢰해야 한다. 검찰이나 경찰로 가서 형사 고소를 하는 것이다. 그 후 검사가 정식으로 기소를 하면 사건은 같은 서울중앙지방법원 '서관'으로 넘어간다.

동관과 서관 사이가 몇 걸음 안 되지만, 그 차이는 매우 크다.

민법이 꿈꾸는 세상

민법은 현상 유지를 중시하는 법이다. 현재의 소유권 질서를 존중하고, 타인의 재산에 대한 침해를 용서하지 않는다. 가령 민법은 불법 행위에 대해서는 단호한 책임을 묻겠다고 선언한다.

 **민법 제750조(불법 행위의 내용)**

고의 또는 과실로 인한 위법 행위로 타인에게 손해를 가한 자는 그 손해를 배상할 책임이 있다.

 **민법 제751조(재산 이외의 손해의 배상)**

① 타인의 신체, 자유 또는 명예를 해하거나 기타 정신상 고통을 가한 자는 재산 이외의 손해에 대하여도 배상할 책임이 있다.

가령 실수로 남의 차를 부쉈다면 그 손해를 배상해야 할 뿐만 아니라 차 주인의 정신적 고통에 대해서도 배상해야 한다.

또 누군가 부당한 이득을 얻는 것도 민법은 용납하지 않는다. 내가 열심히 일해서 이익이 생겼는데 그 이익이 타인에게 넘어갔다면, 법원에 가서 '부당이득반환 청구소송'을 제기할 수 있다.

 **민법 제741조(부당이득의 내용)**
법률상 원인 없이 타인의 재산 또는 노무로 인하여 이익을 얻고 이로 인하여 타인에게 손해를 가한 자는 그 이익을 반환하여야 한다.

만일 남을 위해서 해 준 일이 있다면 그 값도 받아야 한다고 민법은 말한다. 이것을 '사무관리'라고 한다. 열심히 일해 주고도 그 비용을 안 받는 것은 민법이 생각하는 정의가 아니다.

 **민법 제734조(사무관리의 내용)**
① 의무 없이 타인을 위하여 사무를 관리하는 자는 그 사무의 성질에 좇아 가장 본인에게 이익 되는 방법으로 이를 관리하여야 한다.

 **민법 제739조(관리자의 비용상환 청구권)**
① 관리자가 본인을 위하여 필요비 또는 유익비를 지출한 때에는 본인에 대하여 그 상환을 청구할 수 있다.

이와 같이 불법행위, 부당이득, 사무관리 규정을 통해 받아야 할 자에게 받아야 할 이익이 돌아가도록 하는 것이 민법의 이념이다. 이런 이념의 기초 위에서 계약을 해야 한다.

계약을 통해 좋은 결실을 얻는가, 못 얻는가는 자신이 하기에 달려 있다. 누군가는 열심히 계약하고 거래하면서 원하는 바를 이루며 살 것이고, 누군가는 무수한 기회를 날려 버리고 국가보조금으로 살아가는 처지가 될 수도 있다. 그런 의미에서 법은 그다지 친절한 과목이 아니다. 부자가 되는 법을 가르쳐 주지도 않고, 가난으로 가는 길을 막아 주지도 않는다. 모든 책임은 개인에게 있고, 법은 다만 그 책임의 근거와 양을 정해 줄 뿐이다.

법은 결론을 바꾸지 않는다. 하루하루 열심히 산 사람들에게 그에 상응하는 대가를 안겨 주는 게 법이다. 잘못한 사람에게는 책임을 묻고 의무를 다한 사람에게는 합당한 과실을 안겨 준다. 특히 민법이 그렇다. 부당한 이득을 얻어서도 안 되고, 잘못한 양에 비해 적은 책임을 져서도 안 된다. 불법 행위를 한 자가 적법한 행위를 한 자를 이겨서도 안 된다. 민법은 그런 의미에서 매우 냉정하며 합리적인 법이다.

민법을 공부하면서 '합리적인 것'에 대해 깊이 생각해 보기 바란다. 자신의 권리가 무엇이고 의무가 무엇인지 아는 것, 그게 합리적인 자세의 기본이며 민법 공부의 시작이다. 자신의 행위의 의미를 명확하게 인식하고, 훗날 법정에서 입증할 기회에 대비해서 늘 문서와 같은 증거를 남겨 두도록 하자. 사소한 약속이라도 약속은 반드시 지키고, 기한을 엄수하고, 자신의 의사를 정확히 나타낼 줄 알아야 한다. 그것이 민법이 바라는 합리적 인간상이다.

민법이 너무 합리만 추구하느라 비정한 사회를 만들어 가는 것은 아닌가 생각할 수도 있다. 그렇지 않다. 민법도 역시 용서와 배려, 아량과 박애, 인류애가 충만한 사회를 꿈꾼다. 다만 그것은 민법이 할 수 있는 일이 아니고, 민법이 해서도 안 되는 일이다. 민법은 이 사회의 '골격(frame)을 세우는 법'이다. 골격은 부드럽게 세워선 안 된다. 골격이 흔들리면 그 위에 어떠한 사회도 만들 수 없기 때문이다. 그런 의미에서 민법은 우리가 꿈꾸는 사회로 가는 길의 출발점에 서 있는 법이다.

형법 이야기: 문명의 발달과 범죄의 변화 

7가지 범죄, 9가지 형벌

형법이란 한마디로 범죄와 형벌에 대해 적은 법이다.

사람들이 죄를 저지르는 이유는 배가 고프고 가난해서이기도 하고, 성격의 결함이나 욕심 때문이기도 하고, 심지어 단지 재미를 위해서 저지르기도 한다. 유사 이래로 어느 나라 어떤 사회든 사람의 죄에 대해 벌을 내려 왔다.

과거에는 어떤 행동을 범죄로 규정하고 금했을까? ① 살인하지 마라. ② 도둑질하지 마라. ③ 남의 여인을 탐내지 마라. 기독교에서는 이런 식으로 하지 말아야 할 대표적인 행동 10가지를 정해 모든 사람에게 외우게 했는데, 이것이 바로 '십계명'이다. 우리 고조선에서도 '8조금법'이라는 명칭으로 금해야 할 8가지 행위를 선포한 바 있다. 오랜 옛날에는 이 정도의 범죄만 막아도 그런대로 사회 질서를 유지할 수 있었던 것이다.

각 나라와 사회에서 금하는 범죄 행위는 갈수록 늘어났다. 1500년대 독일에서 만들어진 카롤리나 법전에 보면 살인, 방화, 강도, 절도 등 100여 가지 범죄 목록이 들어 있다. 1953년에 만들어진 우리 형법은 총 390조로 되어 있다. 그 가운데 범죄 목록은 제86조의 내란죄부터 시작하는데, 조문당 한 범죄라고 가정하면 총 305가지의 범죄가 규정돼 있는 셈이다.

현대에 이를수록 세상이 엄청난 속도로 변모하면서 과거에는 생각지 못했던 범죄들이 생겨나게 됐다. 자동차 운전 중 실수로 사람을 치고, 외국에서 물건을 수입하면서 세관에 신고하지 않고, 남의 컴퓨터를 해킹하고, 상인들끼리 담합해 동시에 물건 가격을 올리고, 실업자가 여러 개의 신용카드를 발급받아 마구 써대고, 의료인이 아닌 자가 돈을 받고 의료 행위를 하는 등 지금은 헤아릴 수 없을 정도로 많은 행위가 범죄로 규정돼 있다. 원래는 형법 하나로 출발했던 법률도 60여 년의 세월 동안 이런저런 특별법까지 포함해 거의 700개로 늘어났으며, 그중에 새롭게 추가된 범죄 목록도 무수히 많다. 우리나라에 몇 가지 범죄가 있는지 세는 것 자체가 앞으로는 거의 불가능할 지경이다. 범죄를 피하기 위해서 법 공부라도 해야 할 정도다.

사실 우리 법에 적혀 있는 모든 범죄를 한마디로 정의하는 것은 쉽지 않다. 각 범죄의 차이가 크기 때문에 공통분모가 잘 보이지 않는다. 따라서 정부가 발행하는 《범죄백서》는 범죄를 정의하는 대신 다음과 같이 크게 7가지로 범죄를 구분한다.

1. 강력범죄
2. 재산범죄
3. 교통범죄
4. 마약범죄
5. 경제범죄
6. 컴퓨터범죄
7. 선거범죄

형법 역시 범죄가 무엇이다, 라고 정의하지 않는다. 다만 형법을 보다 보면 모든 범죄에 공통으로 적용되는 한 가지 특징을 발견할 수 있다. 바로 형벌이 부과되는 행위라는 점이다. 범죄 가운데 형벌이 부과되지 않는 경우는 없다. 다시 말해 형벌이 부과되지 않는 행위는 아무리 나쁜 행위라도 우리 법에 따르면 범죄가 아니다. 어떤 잘못을 저질렀을 때 다음의 9가지 형벌 중 하나라도 부과된다고 법률에 적혀 있다면, 그게 바로 범죄라고 보면 된다.

 **형법 제41조(형의 종류)**

형의 종류는 다음과 같다.

1. 사형
2. 징역
3. 금고
4. 자격상실
5. 자격정지
6. 벌금
7. 구류
8. 과료
9. 몰수

과거의 형벌, 사형과 신체형

시대에 따라 범죄의 유형이 변한 것처럼 그에 따른 형벌도 달라졌다. 원래 인류가 채택했던 형벌은 사형과 신체형이었다. 사형이란 말 그대로 사람의 목숨을 끊는 것, 신체형은 사람의 몸에 육체적인 고통을 주는 것이다. 워낙 가진 게 없었던 시절이었기 때문에 재산을 빼앗는 형벌은 도입할 엄두를 내지 못했다.

그런데 사형과 신체형 두 가지만으로는 다양한 범죄에 대응할 수 없었다. 그래서 사형도 약한 사형과 강한 사형으로 나누었고, 신체형도 약한 신체형과 강한 신체형으로 나누었다.

약한 사형은 고통을 주지 않고 순식간에 목숨을 빼앗는 것이다. 프랑스 혁명 당시 의학부 교수였던 기요틴 박사는 잔혹한 처형 방법에 반대해 '기요틴'이라는 사형 기구를 발명했다. 기요틴은 죄수의 목을 단번에 베어 내는 일종의 단두대로 약한 사형 기구의 대표적인 예다. 반면에 강한 사형에는 중국과 우리나라, 서구 세계 일부에서 도입했던 '능지처참형(능지처사형)'이 있다. 약한 사형에 처하는 것으로는 죗값이 너무 약하다고 판단되는 범죄에 적용되었다. 이 형벌은 사람의 신체를 천천히 능멸하다가 마지막에 머리를 자르는 형벌이다. '능지'의 지(遲) 자가 '천천히'라는 뜻이고, '처참'의 참(斬) 자가 '머리를 자른다'는 뜻이다.

능지처참형도 중국에서는 8도, 16도, 32도 등 여러 가지 종류가 있었다. 8도는 몸에 여덟 번 칼질을 한다는 뜻이고, 16도는 열여섯 번, 32도는 서른두 번 칼질을 한다는 뜻이다. 이때 횟수가 몇 번인지와는 상관없이 첫 번째 칼질로는 왼쪽 눈꺼풀을 도려내고, 두 번째 칼질로는 오른쪽 눈꺼풀을 도려냈다. 눈을 감지 못하도록 눈꺼풀을 아예 없앤 다음 도륙을 시작하는 것이다. 8도에서는 사지와 발목 등에 여섯 번의 칼질을 하고 마지막으로 목을 베는 참수를 했다. 참수 후에 각 사지와 머리는 전국 각지로 보내 따로 전시하게 했다. 이걸 '효시(梟示)'라고 하는데, 효시는 잔인한 형벌의 대표적인 예로 지목돼, 1894년 마포나루에서 김옥균의 시체에 능지처참형을 거행한 이후 역사 속으로 사라졌다.

신체형에도 약한 신체형과 강한 신체형이 있었다. 몽둥이로 몇 대 때리는 것으로 그치기도 하고, 커다란 곤장으로 오랜 시간 고통스럽게 때리기도 했다. 신체 일부를 절단하거나 불에 달군 인두로 몸을 지지기도 했다. 그 방법과 횟수에 차이를 두어 범죄의 정도에 상응하는 형벌이 되도록 한 것이다.

그러다가 죽이거나 때리거나 절단하는 게 능사가 아니라 오히려 사람을 살려 두는 게 이득이라는 판단이 들었다. 살려 두고 일을 시켰을 때 개인적으로나 사회적으로 이득이 된다면 굳이 죽일 이유가 없다. 때마침 17세기 유럽에서 이런 수요가 생겨났다. 북부 네덜란드에서는 벽돌공장에 투입할 인력이 필요했고, 지중해 연안에서는 갤리(Galley)라는 배의 노를 저을 사람이 필요했다. 이때 3년간 노역에 처하도록 하는 형벌이 고안됐는데, 이게 바로 '징역형'의 시작이다. 18세기 들어 대형 풍력선이 들어서면서 노 저을 사람이 필요 없

프랑스 선교사들이 중국에서 능지처참당하는 모습. 1858년 프랑스 일간신문 〈르몽드〉에 실린 삽화.

게 되자, 갤리선을 항구에 묶어 둔 채 노 젓던 죄수들을 근처 공장이나 부두로 출퇴근시켰다. 배가 바로 교도소가 된 것이다. 지금도 지중해 일대의 많은 교도소들이 항구 근처에 있는 이유가 이런 역사적인 배경과 관련이 있다.

형벌은 이처럼 사형과 신체형에서 징역형으로 바뀌고, 소유권 개념이 본격적으로 생겨난 다음에는 '재산형'으로 바뀌었다. 최근에는 형벌이 부과됐다는 사실 자체가 또 하나의 형벌이 되는 세상이 됐다. 가령 큰 회사의 이사가 될 수 없다든지, 공무원이 될 수 없다든지 하는 것이 하나의 형벌로 인식되고 있다. 자격상실이나 자격정지와 같은 '명예형'이 도입된 것이다.

역사적으로 가장 오래된 신체형은 충분히 다른 형벌로 대체할 수 있으므로 우리 법에서는 도입하지 않았다. 즉 우리나라 법상 형벌은 사형, 징역형, 재산형, 명예형으로 이루어져 있다. 이런 형벌을 부과하면서 범죄에 사용된 물건이나 범죄 행위의 결과 발생한 물건을 국가가 빼앗아 가는 것을 '몰수'라고 한다. 몰수도 우리 법상으로는 형벌 가운데 하나다.

되돌릴 수 없는 범죄, 절도

남의 물건을 훔치는 것을 '절도'라고 한다. 절도는 우리나라 법상 거의 예외 없이 처벌되는 범죄다.

형법 제329조(절도)

타인의 재물을 절취한 자는 6년 이하의 징역 또는 1천만 원 이하의 벌금에 처한다.

　호기심에 싸구려 액세서리 하나를 훔쳤더라도 절도는 절도다. 주인에게 발각되자마자 바로 돌려주었다고 해서 없었던 일이 되는 것도 아니다. 물건을 집음으로써 이미 절도라는 범죄가 완성되기 때문이다. 완성된 범죄는 무슨 수를 써도 되돌릴 수 없다. 경찰에게 봐달라고 빌어봐야 소용없다. 아무리 수임료가 센 변호사를 선임해도 절도를 범했다는 사실에서 벗어날 수 없다. 즉 그에 상응하는 처벌을 받아야 한다.

　"겨우 5,000원짜리 하나 훔친 건데 감옥에 가야 하나요?"라고 따질 일도 아니다. 감옥에 가는 게 원칙이고, 가지 않는 게 예외다. 빵 한 조각을 훔친 장발장을 감옥에 가둔 것이 비인간적인 처사라고 비난할지 모르지만, 그건 장발장을 19년 동안이나 가뒀기 때문이지, 6개월을 가뒀다면 얘기는 완전히 달라진다. 그건 그때도 잘한 일이고, 지금도 잘한 일이다.

　이처럼 법률에 범죄라고 적혀 있는 행위에 대해 결코 쉽게 여겨선 안 된다. 절대로 하면 안 되는 행위의 목록이지, 하면 '처벌될 수 있는' 혹은 '처벌 가능성이 높은' 행위의 목록이 아니다. 특히 남의 물건에 함부로 손대는 행위는 어느 나라든 쉽게 범죄가 성립한다. 검사 입장에서도 법정에서 그리 힘들여 입증할 게 없다. 그저 몇 가지만 증거를 대서 밝히면 바로 유죄 판결을 받아 낼 수 있다. 가령 다음과 같은 것이다.

- 피고인에게 절도의 고의가 있었을 것.
- 절도의 고의로 물건에 손을 댔을 것.

이것이 검사가 법정에서 밝혀야 하는 내용의 전부다. 쉽게 말해 피고인이 남의 물건인 줄 알면서 훔칠 생각으로 그 물건을 집어 들었다는 사실만 밝히면 된다. 형법 교과서에 보면 여러 가지 어려운 말들이 나오지만 실제 재판에서는 큰 어려움이 없다. 남의 물건을 훔쳤으면 그게 바로 절도다.

직접증거와 간접증거

'증거'에는 크게 직접증거와 간접증거가 있다.

직접증거란 그것이 범죄를 나타내는 증거가 맞기만 하면 범죄의 입증이 끝나는 증거를 말한다. 예를 들면 절도 장면이 정확하게 찍힌 CCTV 영상이 있다고 치자. 그 영상이 위조됐을 수도 있고 편집됐을 수도 있다. 하지만 그것만 아니라면 그 영상만으로 절도가 발생한 사실을 바로 입증할 수 있다. 이런 걸 직접증거라고 한다. 절도 장면을 목격한 목격자의 진술도 마찬가지다. 목격자, 즉 증인이 거 짓말을 했을 수도 있다. 하지만 거짓말한 게 아니라면 진술을 듣는 것만으로도 절도 입증이 끝난다.

반면에 간접증거는 그것이 범죄의 증거가 맞다고 하더라도 바로 유죄가 되지는 않는다. 가령 절도 사건이 일어난 가정집에서 아무 런 관련 없는 피고인의 지문이 발견됐다고 치자. 그 지문이 절도범 의 것이 맞다고 하더라도 그것만으로 피고인이 절도를 했다는 사실 을 입증할 순 없다. 그것 외에 추론이 필요하다. 예를 들어 보자.

1) 피고인의 지문이 피해자의 집에서 발견됐다.
2) 피고인은 평소 피해자의 집에 드나들던 사람이 아니었다.
3) 피고인이 허락 없이 피해자의 집에 들어갔다.
4) 피고인은 절도의 고의로 피해자의 집에 들어갔다.

이런 식으로 추론을 해 나가야 한다. 이처럼 추론을 통해서 범죄 사실을 입증할 수 있는 증거를 간접증거라고 한다.

만약 어떤 범죄에 관한 직접증거가 여러 개 있다면 재판은 조금 도 어려울 게 없다. 범죄 장면이 찍힌 CCTV가 있고, 범죄 장면을 목격한 증인들이 줄줄이 나온다면 판사가 고민할 이유가 없다. 절도가 바로 그런 경우에 해당할 가능성이 높은 범죄 중 하나다. 요즘 가게마다 CCTV가 있고 가게에 드나들면서 보는 눈도 많다. 절도를 저지르고 나서 주인의 눈을 피했다고 안심할 일이 아니다. 낮이었다면 다른 보는 눈이 있었을 것이고, 밤이었다면 CCTV가 잡아냈을 것이다. 직접증거가 있을 거라는 말이다. 이런 세상에서 절도를 하고도 무사하리라는 생각 자체가 아주 순진한 생각이다.

직접증거가 없다고 해서 안심할 일도 아니다. 세상에는 무수히 많은 간접증거가 있다. 간접증거라고 해서 판사가 덜 믿어 주는 것도 아니다. 증거 가치는 똑같다. 그런 게 심지어 여러 개 있다면 직접증거의 가치 못지않다.

일찍이 프랑스의 범죄학자 에드몽 로카르(1877~1966)는 '모든 접촉은 흔적을 남긴다'고 말했다. 흔적이 바로 간접증거다. 요즘 수사기관은 아예 직접증거란 없다는 생각으로 수사를 한다. 흔적만 찾아다니고, 간접증거만 찾아다닌다. 양탄자의 눌린 자국뿐만 아니라 눈에 보이지 않는 양탄자의 정전기까지 잡아낸다.

그뿐인가. 차량마다 달려 있는 블랙박스 개수만 1,000만 대가 넘을 것이다. 가게에 설치한 CCTV와 골목골목 지키는 CCTV의 숫자는 이루 헤아릴 수도 없다. 절도 장면이 그대로 찍혀 있지 않을 뿐이지, 절도범이 근처를 다니는 모습은 하루에도 수십 번씩 찍혀 있을 가능성이 크다. CCTV에서 절도범이 나타난 곳의 주변을 뒤지

고, 주변 사람들에게 물어보며 탐문하면 경찰이 절도범 하나 잡는
건 일도 아니다.

게다가 절도는 반드시 장물(절도, 강도 등을 통해 훔친 남의 물건)을 남긴다.
장물을 자신이 쓸 수도 있지만 장물은 처분해서 금전적인 이익을
남기는 게 보통이다. 돈도 적은 돈이 아니라면 보통 은행에 넣어 두
므로 그 과정에서 증거가 생긴다. 장물을 처분하면 장물범(절도범에게
장물을 건네받은 사람)이 생길 수밖에 없다. 장물범은 물증까지 가지고 있
는 위험한 증인이다. 눈치를 보지 않을 수 없다. 처음부터 혼자서 시
작한 범죄가 아니라면 공범들의 움직임도 매우 신경 쓰인다. 공범
이 자기 죄를 숨기기 위해 남의 죄를 밝힐 수가 있기 때문이다. 공범
이 언제 갑자기 변절해서 경찰서로 뛰어갈지 알 수 없는 일이다.

이처럼 증거로 제출할 것은 의외로 너무 많다. 절도가 끝나고 나
서 남는 두둑한 증거 목록을 범인만 모를 뿐이지, 세상은 다 알고 있
을 가능성이 높다.

반면에 절도범이 자신이 저지른 범죄로부터 자유로워지는 길은
순탄치 않다. 발각될 위험 없이 발 뻗고 자려면 꼬박 7년을 기다려
야 한다. 절도는 공소시효가 7년이다.(형사소송법 제249조) 7년에서 하
루만 모자라도 끌려가서 재판을 받아야 한다. 외국으로 도망가 봐
야 소용없다. 도피 목적으로 외국으로 도망가 있는 기간은 시효에
서 빠진다. 즉 비행기를 탄 날부터 귀국한 날까지는 공소시효가 정

지된다. 기껏 할 수 있는 일이라고는 국내 곳곳을 눈치껏 돌아다니는 것밖에 없다. 그 불안감과 오래 싸워야 한다.

바늘도둑이 소도둑 되다

절도가 무서운 이유는 호기심에 한 절도가 자칫 큰 범죄로 이어질 수 있기 때문이다. 예를 들어 액세서리를 훔치다 발각됐을 때 체포되지 않으려고 대항하다가, 또는 죄의 증거가 되는 흔적을 인멸하거나 훔친 물건을 지키려다가 사람을 폭행 또는 협박할 수 있다. 이 경우는 절도가 아니라 강도가 된다. 원래는 강도가 아니었는데 나중에 강도로 바뀌는 이런 행위를 '준강도'라고 부른다.

 **형법 제335조(준강도)**
절도가 재물의 탈환을 항거하거나 체포를 면탈하거나 죄적을 인멸할 목적으로 폭행 또는 협박을 가한 때에는 전2조(강도)의 예에 의한다.

예를 들면 절도범(미수범을 포함한다)이 자신을 쫓아온 주인이나 제지하는 행인에게 주먹을 휘두르거나 위협이라도 하면 그때부터는 강도범이 된다. 이런 경우 처벌은 "강도의 예에 의"하기 때문에 벌금형은 아예 해당되지 않고 "3년 이상의 유기징역에 처"한다. 우리나라 법상 징역형의 최장기는 30년이므로 3년 이상 30년 이하의 유기

징역에 처한다는 뜻이다. 그 범위 안에서 죄질 등 제반사정을 고려해서 판사가 형량을 정한다. 5년이 될 수도 있고, 29년이 될 수도 있다. 어떤 경우든 앞에서 본 집행유예를 선고할 가능성은 없어지고 만다.

여기서 한 걸음 더 나아가 주먹을 휘둘러 상처까지 입히게 되면, 설령 고의가 아니었다 하더라도 훨씬 심각한 강도치상죄가 된다. 강도치상죄는 형법 제337조에 따라 7년 이상의 징역에 처하는 범죄다. 아무리 못해도 7년은 감옥살이를 해야 하고, 그 와중에 피해자가 죽기라도 하면 10년 이상 30년 이하의 징역이나 무기징역에 처한다. 강도치상(傷)이 아니라 강도치사(死)가 되기 때문이다.

 **형법 제337조(강도치상)**
강도가 사람을 상해에 이르게 한 때에는 무기 또는 7년 이상의 징역에 처한다.

 **형법 제338조(강도치사)**
강도가 사람을 사망에 이르게 한 때에는 무기 또는 10년 이상의 징역에 처한다.

이처럼 절도는 자칫 흉악범죄로 바뀔 가능성까지 있는 아주 위험한 범죄다. 시작은 간단해도 끝은 그렇게 간단치 않을 수 있다. 반짝이는 귀고리 하나 훔치려다가 아차 하는 사이에 수십 년 징역살이 신세에 처해지는 것이다. 그때는 장발장처럼 누군가의 은전을 바랄 수도 없다. 그냥 자업자득일 뿐이다.

전과자라는 낙인

　형사사건에서 판결이 유죄로 확정되는 경우에는 그 집행은 검사가 담당한다. 유죄 판결이 선고된 피고인에 대해서는 검찰청에서 수형인명표, 즉 형을 받는 자의 목록에 이름을 올리고 그 사실을 피고인의 주민등록지 읍·면·구에 통지한다. 그러면 주민등록부에 수형 사실이 표기되는데 이것을 '전과'라고 한다. 물론 이 수형 사실은 '형의 실효에 관한 법률'에 따라 일정 기간이 지나면 폐기되고, 벌금형의 경우는 아예 표기하지도 않는다. 하지만 그렇다고 안심할 건 아니다. 처음 범죄를 저질러 입건될 때 작성한 수사자료표에는 벌금형뿐만 아니라 실제로 기소가 되었는지까지 전부 기록된다.

　범죄를 저지른 경력은 나중에 치명적인 걸림돌이 될 수 있다. 공무원 시험을 치를 때, 또는 어떤 기업에 취직하려고 할 때 수사자료표와 대조한 범죄경력 조회서를 내야 한다. 맘잡고 사회생활을 해보려 할 때쯤 땅을 치고 후회할 수 있다. 남의 물건에 손댔던 과거를 어느 사회든 쉽게 넘어가 주지 않는다는 걸 기억하자.

범죄적 인간형(Homo Criminalis)

인간은 누구나 조금이라도 범죄의 성향을 갖고 있다. 그걸 억누르고 사는 사람이 훨씬 더 많은 것뿐이다.

남경학살 당시 일본군은 중국인 25만 명을 죽였다. 그중 가장 끔찍한 것은 중국인 중학생들을 산 채로 형틀에 묶어 놓고 일본군이 총검술 연습을 했다는 기록이다. 멀쩡하게 살아 있는 아이들의 뼈와 살을 총검으로 찌르면서 그 아비규환의 비명 속에서도 일본군은 점점 무덤덤해졌다. 나중에는 눈알만 골라 찌르기를 할 정도로 괴물이 돼 있었다.

일본군만 그랬던 것은 아니었던 것 같다. 트로이의 영웅 아킬레우스는 이미 스무 살에 '살인 기계'로 명성을 날렸다. 강간과 강도와 살육이 그의 자랑스러운 직업이었다. 어디 아킬레우스뿐이었을까. 로마 황제 가운데는 정상인이라고 할 만한 자가 거의 없었다. 제 명에 죽은 사람은 손에 꼽는다. 나머지는 전부 독살과 칼질 속에서 유명을 달리했다. 중세와 근대의 역사에서도 인간의 잔인함은 오래 멈춘 적이 없다. 하룻밤에 수천 명이 죽어 나갔다는 이야기는 충격적으로 들리지도 않는다. 우리가 자랑하는 역사는 반은 범죄의 역사, 살인의 역사다. 칼 들 힘만 있으면 남의 나라에 쳐들어가 약탈과 살육을 일삼으며 살아온 게 인류 공통의 기록이고 유산이다. 영국의 역사가 아널드 토인비의 한탄처럼 인간은 결국 잔인한 동물의 성향을 타고났다. 그것이 남경학살과 히틀러의 유대인 600만 학살 때 정점에 달했을 뿐이다.

우리나라라고 다르지 않다. 우리는 범죄 청정국도, 마약 청정국도 아니다. 최근 한 해 112로 들어온 범죄 신고만 1,900만 건이나 된다. 그중 절반만 진지한 신고라고 해도 1년에 거의 1,000만 건의 크고 작은 폭력과 싸움, 절도와 사기가 자행되고 있다. 정식으로 입건된 범죄가 1년에 200만 건이고, 하루에도 5,600명씩 경찰서에 잡혀 와 지문을 찍는다. 사기 범죄는 처벌된 것만 25만 건이고, 폭력이 20만 건, 그 밖에 절도, 강도, 횡령, 공갈 등이 뒤를 따른다. 1년에 8만 명씩이나 형 집행을 유예해 주었는데도 감옥에 실제 수감된 사람이 6만 명이 넘는다. 그런데 이런 수치 자체도 믿을 게 못 된다. 범죄는 숨는 게 다섯 배라는 말도 있다: 숨어 있는 성폭력, 아동학대, 가정 폭력, 데이트 폭력, 학교 폭력을 다 들춰낸다면 우리의《범죄백서》는 지금보다 훨씬 두꺼워질 것이다.

"사람은 왜 범죄를 저지르는가?"라는 한가한 물음에 묶여 있을 때가 아니다. "절도는 그래도 작은 범죄니까 봐줄 수 있지 않아?"라고 넘어갈 문제가 아니다. 우리의 길거리 범죄는 이미 도를 넘었다. 폭력을 조장하는 문화도 만연해 있다. 남의 눈을 속이는 것을 일종의 재능으로 보는 사람들도 있다. 사회가 점점 죽기 살기의 경쟁 체제로 전환하면서 살아남는 기술의 하나로 범죄를 저지르는 사람도 많고, 게다가 갈수록 범죄가 지능적으로 변하고 있다. 결코 범죄가 줄어들 분위기가 아니다.

형법의 임무

형법은 두 가지 임무를 갖고 있다.

첫째, 형법은 세상을 지키는 역할을 한다. 형법은 범죄가 아니라 형벌의 편에 서 있다. 남의 물건을 훔친 자를 처벌하는 것이 형법의 임무고 운명이다. 민법이 소유권 질서의 골격을 만드는 법이라면, 형법은 그것이 범죄로 인해 흔들리지 않도록 감시하는 역할을 한다. 안타깝지만 형법은 가난한 장발장 편이 아니다. 세상의 불평등은 형법 탓이 아니다. 형법은 그런 의미에서 근본법이며 기본법이다. 세상을 바꾸려 하지 않는다. 유지가 형법의 목적이며 속성이고 기반이다.

둘째, 그럼에도 형법은 끝까지 인간의 법으로서 품위를 지키려 한다. 범죄와 이전투구(이익을 위해 비열하게 다툼)하지 않는다. 예전에는 찍어 내듯이 유죄 선고를 했다. 자백이 있으면 유죄, 증인 둘만 있으면 유죄(Two witness rule)라고 했다. 증인이 한 명뿐이거나 증인 없이 정황 증거만 있으면 고문을 했다. 그렇게 받아 낸 자백으로 유죄를 선고했다. 증거를 통해 죄가 있다고 인지되는 순간 피고인은 피할 방법이 없었다. 이렇게 어떤 증거가 있는 한 반드시 그에 따른 죄를 인정해야 한다는 것을 '법정증거주의'라고 한다. 그러다 17세기 말, 형법은 새로운 깨달음을 얻었다. 범죄에 맞서는 가장 효과적인 방법은 형법이 공정해지는 거라는 것이다.

범죄에 대한 대가를 치러야 한다는 최종 판결이 나기까지 사법제도는 가장 공정한 사법제도여야 한다. 모든 사람은 무죄로 추정돼야 하고, 합리적 의심이 없는 증명 없이는 형벌을 부과할 수 없도록 해야 한다. 위법하게 수집한 증거로 재판을 해서도 안 되고, 모든 증거는 법정에 현출(겉으로 드러냄)해야 하며, 사실은 공정한 법정에서 확인돼야 한다. 공판중심주의와 적법절차의 원칙은 어떤 경우에도 우리 사법제도가 포기할 수 없는 가치로 높이 세워야 한다.

이렇게 공정한 사법제도를 통해서 충분히 경고하고 교육하고 있지만, 범죄는 계속해서 일어나고 있다. 우리를 회의에 빠지게 하는 일이다. 그렇다고 해서 우리나라 사법제도를 최대한 온전하고 바람직한 방향으로 만들어 가는 데 소홀해서는 안 된다.

특히 형법은 상처 입은 범죄자들을 가장 공정하게 다루는 법이 되어야 한다. 그런 의미에서 잔인하고 끔찍한 범죄에 맞서는 길은 우리가 범죄 앞에서 더욱더 의연하고 공정해지는 것인지도 모른다. 단호하고 공정해지는 것, 그것이 형법의 목표다.

사형수의 햄버거

　우리나라는 아직도 범죄자에 대해 사형을 선고하기는 하지만 실제로 1997년 12월 30일에 23명의 사형을 집행한 후로는 20년 넘게 사형을 집행한 적이 없다. 그래서 '사실상 사형을 폐지한 나라'로 분류된다. 2020년 기준으로 볼 때 아직 사형제도를 유지하고 있는 대표적인 나라로는 중국을 들 수 있다. 중국은 매년 1,000명 이상을 사형에 처한다. 미국 역시 아직도 일부 주에서 사형이 선고돼 집행되고 있다. 미국에서 사형 폐지를 주장하는 학자들의 주된 논거가 바로 "중국 같은 나라라는 취급을 받을 수 없다"는 점이다.

　사형 집행일에도 사형수는 아침에 일어나 세수하고 식사한 다음 교도소 내 사형 집행장으로 간다. 미국 대부분의 주는 독극물을 주입해 사형을 한다. 일단 사형수를 침대에 눕히고 정맥에 주삿바늘을 꽂은 다음 사형수가 볼 수 없는 옆방에서 두 번에 걸쳐 주사를 놓는다. 첫 번째 주사는 마취제이고 두 번째는 독극물이다. 주사를 놓는 사형 집행인은 모두 3명인데, 누구의 주삿바늘에서 독극물이 나가는지는 집행인이 알 수 없다. 남의 생명을 빼앗는다는 죄책감을 덜기 위해서다.

　사형에 앞서 사형수는 점심을 먹는다. 살아서 먹는 마지막 식사인 만큼 사형수 본인이 원하는 음식을 먹을 수 있다. 이때 많은 사형수들이 맥도날드 햄버거를 원한다고 한다. 죽기 직전에 먹는 햄버거의 맛은 어떨까?(사실 반쯤 남기는 사람이 많다고 한다.)

　과거에는 사형을 할 때 가급적이면 고통스러운 방법을 썼다. 그래서 사지를 잡아당기거나 바퀴에 사지를 고정시킨 다음 바퀴를 통째로 돌려 짓이기기도 했다. 그것도 사람들이 다 보는 광장에서, 사람들이 많이 모이는 저녁 시간에 집행했다. 프랑스의 한 마을에서는 부모들이 어린아이를 데려와 같이 사형 장면을 보았다. 사형수의 목숨이 끊어지는 순간 부모들은 아이들의 엉덩이를 세차게 때렸다고 한다. 그 순간을 똑똑히 기억해 뒀다가 커서 저런 인간이 되지 말라는 뜻이었다.

중세 말에 이르러 사람들은 고통 없는 사형 방법에 골몰했다. 죽음으로 죗값을 치르게 하면서도 죽는 순간까지 고통을 줄 필요는 없다고 여겼다. 그래서 나온 것이 목을 매달아 죽이는 교수형이다. 약 1.5에서 2.7미터 높이에서 사형수를 떨어뜨려서 그 순간 목 왼쪽으로 단단한 매듭이 걸리게 하여 목 안의 중추신경이 끊어지게 한다. 그러면 단 몇 초 만에 혈압이 급격히 떨어지면서 의식을 잃고 고통을 느끼지 못하게 된다. 그로부터 몇 분 후 뇌사 상태로 들어가 완전히 목숨이 끊기는 데는 20분 정도 걸린다. 그동안 사형수는 고통 없이 최후를 맞이한다.

오랫동안 무수히 많은 사형을 집행해 온 유럽 대륙은 1980년대에 이르러 대부분의 나라에서 사형제도를 폐지했다. 인간의 기본 생명권을 국가가 빼앗을 수 없다는 생각에서였다. 유럽은 지금도 사형을 국가가 저지르는 살인이라고 생각한다.

그럼 다른 나라들은 왜 아직도 사형을 선고하고 집행하고 있을까? 아마도 사형이 가장 적절한 죗값이라고 여기기 때문이 아닐까? 몇 십 년을 교도소에서 지내도록 해도 갚아지지 않는 엄청난 죗값 때문일 것이다. 그 죗값을 갚는 데 사형이 적절한 방법이 되어 준다면 사형도 나름 일리가 있는 제도다.

하지만 누가 죗값의 크기를 가늠할 수 있을까? 죗값으로 목숨을 내놓아야 할 사람이 누구누구인지 무엇을 기준으로 판단할 수 있을까? 누구를 사형시켜야 할지 정확하게 짚을 수 있는 자는 누구일까?

반쯤 남긴 사형수의 햄버거를 보면서 이런 의문이 쉽게 지워지지 않는다.

4

지금,
왜 법이
문제일까?

판사를 믿을 수 없다면 

　최근 우리나라는 '사법 농단' 사태를 겪었다. 간단히 말하면 정치권이 원하는 방향으로 재판의 결론이 나도록 전 대법원장이 판사들에게 압력을 넣었다는 의혹이다. 재판을 두고 정치권과 거래했다는 뜻에서 '재판거래'라고 부르기도 한다.

　박노해 시인은 〈하늘〉이라는 시에서 이렇게 고백했다.

죄인을 만들 수도 살릴 수도 있는 판사님은
무서운 하늘이다

많은 국민들이 충격에 휩싸였고 판사의 비리를 수사하는 '고위공
직자 비리수사처'를 만들어야 한다거나, 판사가 재판을 잘못하면
'법왜곡죄'로 처벌해야 한다는 주장도 나왔다. 과연 사법농단 사태
의 정확한 원인과 그 해결방안은 무엇일까.

무소불위의 권력, 법원행정처

법원은 전국 곳곳에 자리해 있다. 2020년 현재 약 2,900명의 판
사가 전국 법원에 산재해서 일하고 있다. 판사들은 반은 기수(나이)
에 따라, 반은 평가에 따라 더 높은 자리로 옮겨 다니는데, 이것을
연공서열이라고 한다. 판사의 승진과 보직에 적용되는 평가 방법이
바로 연공서열형이다.

조직에서 조직원을 평가하는 것은 법원뿐만 아니라 회사나 다른
조직도 마찬가지지만, 문제는 법원이 평가를 하는 기준이 다르다는
데 있다. 판사를 평가하는 기준은 특이하다.

일반 회사에서는 일을 얼마나 잘하는지, 회사의 이익 창출에 얼
마나 기여했는지가 직원을 평가하는 기준이 된다. 그러나 판사는
유죄 판결을 많이 냈다고 해서 좋은 평가를 받는 것도 아니고, 사건

처리를 많이 했다거나 큰 사건을 맡았다고 해서 평가가 좋은 것도 아니다. 국민들의 관심이 많은 사건을 맡으면 언론의 주목은 받겠지만, 그게 반드시 좋은 평가로 이어지는 것도 아니다. 판사의 일이란 소위 말해서 정답이 없다.

사실 판사 세계에서는 재판 능력보다 시험 성적이 우선이다. 처음 판사가 될 때는 성적이 좋은 사람이 앞서 나가고 그다음부터는 평판, 그것도 선배 판사들의 평판이 곧 판사 능력에 대한 평가나 마찬가지다. 쉽게 말해 선배 마음에 들거나 선배에게 고분고분한 사람이 앞서게 돼 있다.

그리고 결정적으로 그런 엘리트 판사들이 반드시 거치는 곳이 '법원행정처'다. 법원행정처란 전국 법원의 살림을 맡아보는 곳이고, 말 그대로 행정을 하는 곳이다. 판사는 원래 재판하는 사람이지, 행정을 하는 사람이 아니기 때문에 법원행정처에 갈 이유가 없다. 행정은 법원 소속 공무원들이 하면 된다. 그런데 법원 업무에 대한 이해도를 비롯한 판사의 업무 역량이 훨씬 뛰어나다는 것도 부정할 수 없다. 그래서 법원행정처의 주요 직책을 판사들이 차지하기 시작했고, 법원행정처장을 대법관 14명 중 한 명이 맡는 것으로 제도가 바뀌었다. 그러다 보니 법원행정처가 법원 내에서 가장 힘센 조직이고, 엘리트 판사들이 대를 이어 거쳐 가는 자리가 되었다.

특히 법원의 행정 업무 중 가장 중요한 게 법관의 승진과 보직 등

법관 인사이기 때문에 대법원장을 필두로 법원행정처장, 법원행정처 판사로 이어지는, 소위 '집행부'가 전국 모든 법관을 좌지우지하는 구조가 완성된다.

법원행정처는 이뿐만 아니라 예산도 쥐고 있다. 어떤 법원도 예산이 없으면 돌아가지 않는다. 그 예산은 법무부가 아니라 법원행정처가 준다. 법무부는 산하기관인 검찰청 예산을 담당하고, 행정안전처는 경찰청의 예산을 쥐고 있다. 하지만 법원은 다르다. 누가 예산을 쥐고 법원을 흔들면 안 되기 때문에 법원은 국회에서 바로 예산을 받아 온다. 그 일을 하는 곳이 법원행정처이고, 법원행정처에서 각 법원으로 예산을 내리게 되어 있다.

이처럼 법원행정처는 인사권과 행정권, 예산권을 쥐고 법원과 법관에 대해 영향력을 행사할 수 있는 위치에 있고, 그 정점에 대법원장이 있다.

법치주의의 기본, 사법부 독립

재판 결과를 대법원장이 좌우할 수 있었다는 소식은 우리에게 큰 허탈감을 안겨 주었다. 과연 어떻게 이런 일을 막을 수 있을까? 무엇보다 법원행정처의 권한을 축소하고, 법관 인사제도를 개혁하는 일이 시급하다. 선배 판사들이 후배 판사를 평가할 게 아니라 재판을 받아 본 사람들이 담당 판사를 평가하거나 법원 직원, 변호사협회 등 평가 주체를 다양화하고, 외부 인사를 대거 포진시켜 평가의 공정을 기하도록 해야 한다.

전국 어디를 가든 법정은 구조가 같다. 판사는 판사들만 드나드는 문으로 법정에 들어오고, 그 문으로 법정을 나간다. 거기서 어떤 엘리베이터를 타고 판사실로 올라가는지 사람들은 알지 못한다. 사건 당사자를 대면하는 순간만큼은 외압이나 세상의 논리에서 자유로운 공정한 법관이기를 바랄 뿐이다.

근대법치주의 국가는 사법권 자체를 국가 권력에서 독립시킨 다음에도 개개 재판을 다시 사법권에서 독립시켰다. 즉 집도 독립시키고(사법권의 독립), 집 안에 있는 방도 다시 독립시키는(재판의 독립) 이중 안전장치를 해 두고 있다. 다른 이유가 없다. 권력의 개입 없이, 심지어는 소속 법원의 개입도 없이 오직 법률과 양심에 따라서 사건에 관한 판단을 하라는 뜻이다.

어느 사회나 판사는 어른의 일이다. 나이가 많다고 다 어른이 되는 것은 아니다. 나이가 어려도 보는 눈이 깊다면 어른 대접을 받아서 이상할 게 없다. 그 반대도 마찬가지다. 나이만 먹었지 판사 같지 않은 판사도 얼마든지 있다. 사법시험에서 높은 점수를 받고, 로스쿨에서 공부를 조금 더 했다고 다 판사가 되는 게 아니다.

판사란 중심을 지키는 사람이다. 얄팍한 인생 경험의 중심이 아니다. 자신의 지평을 끊임없이 넓혀 가면서, 그 안에서도 다시 불편

부당의 중심을 잡는 치열함이 필요하다. 끊임없는 자기혁신이 있어
야 한다. 세상에 나가 살되 세파와 시류에 흔들려서는 안 된다. 성실
함이 몸에 살갗처럼 붙어 있어야 한다.

판사는 논리와 경험으로 말한다고 한다. 경험도 필요하지만, 경
험에만 매몰될 일도 아니다. 이성과 논리로 세상을 정확하게 읽을
줄 알아야 한다. 그럴 때 올바른 판단이 가능해진다. 보통 사람들이
호기롭게 나설 일이 아니다.

그래서인지 사람이 재판에 나선 역사는 그리 오래되지 않았다.
고대사회에서 재판은 신의 영역이지 사람의 영역이 아니었다. 서양
에서도 13세기까지는 신전에서 재판을 했고, 13세기 이후에는 신
의 가르침에 따라 재판했다. 온전히 사람이 재판을 맡은 것은 18세
기 이후로, 이제 겨우 몇 백 년 역사밖에 되지 않았다.

판사는 사람이 못 할 일을 하는 사람이다. 죽자고 다투는 사이에
서 작은 기미들을 포착하며 누가 옳고 그른지 판단하는 일이 보통
힘든 것이 아니다. 잘못 판단한 업보를 끝까지 안고 가야 하는 괴로
움도 무겁기 짝이 없다. 그래서 우리는 판사를 누구보다 지지하고
존경한다. 판사만큼은 바른말을 해줄 거라고 믿는 국민들도 절대다
수다. 판사들은 그 믿음을 외면하지 말아야 할 것이다.

학생인권조례: 염색할 권리를 허하라 

현재 서울, 경기와 광주광역시에서는 '학생인권조례'가 제정돼 시행 중이다. 학생인권과 관련해 두발 및 복장 규제, 소지품 검사, 휴대전화 사용 등에 대해서 3개 시와 도가 방침을 정해 발표하고, 각 학교는 그 방침에 따라 학칙을 만들어 시행하게 된 것이다.

학생인권조례란 글자 그대로 18세 미만 학생들이 학교에서 인권 보장을 받으면서 생활할 수 있도록 두발 및 복장 규제를 풀고, 무분별한 소지품 검사도 금지하고, 휴대전화 사용 권리도 보장한다는 내용을 담고 있다.

이에 반대하는 사람들은 학생들은 아직 정신적으로 미성숙하고, 학교의 교육권과 다른 학생의 수업권도 존중받아야 하니 이를 침해하는 행위에 대해 제한할 필요가 있다는 논리를 펴고 있다. 아울러 인권보장이라는 미명 하에 학교를 '정치의 장'으로 만들어서는 안 되며, 저마다 권리만을 주장하면 학교 교육이 황폐화되고, 궁극적으로 학생들에게도 좋지 않은 환경이 될 거라고 걱정한다.

과연 어떤 견해가 더 맞는지 차근차근 생각해 보자.

지난 20세기에 인류의 가장 큰 화두는 '인권'이었다. 세기가 시작되자마자 터진 두 번의 세계대전을 통해 수많은 사람이 목숨을 잃었고, 특히 나치의 유대인 학살로 인해 인간의 평화로운 공존에 대한 열망이 어느 때보다 높아졌다.

제2차 세계대전이 끝나고 몇 해 지나지 않은 1948년 12월 10일 유엔총회가 "모든 인류 구성원의 천부의 존엄성과 동등하고 양도할 수 없는 권리를 인정하는 것이 세계의 자유, 정의 및 평화의 기초"라면서 세계인권선언을 발표하게 된 이유가 그것이다. 인류가 인권보장을 최우선 목표로 국제평화 증진에 노력하겠다고 다짐한 것이다.

그런데 '인권 존중'은 선언으로서는 의미가 있지만, 구체적으로 현실에 와 닿는 변화를 이끌어 내기엔 부족해 보인다. 그래서 서구 여러 나라들은 인권 가운데 반드시 보장해야 할 권리만을 따로 묶어서 헌법에 구체화시키게 되는데, 이걸 '기본권'이라고 한다. 인간이 태어날 때부터 가지고 있는 게 인권이라면, 그 가운데 문명국가의 국민에게 보장되는 구체적 인권이 기본권이다. 우리나라도 1947년 헌법부터 1987년 9차 개정헌법에 이르기까지 총 27개에 이르는 기본권 목록을 적어 두고 있는데, 그중에는 '인간다운 생활을 할 권리', '행복추구권', '표현의 자유', '신체의 자유', '양심의 자유' 등 선진국 국민들이 실제로 향유하는 권리가 대부분 망라돼 있다.

다만 기본권이라고 해서 모든 사람에게 무조건 보장되는 것은 아니다. 국가가 그럴 만한 능력이 없을 수도 있고, 다른 사람의 기본권과 충돌할 수도 있고, 경우에 따라서는 훨씬 더 중요한 가치 때문에 우선순위에서 밀릴 수도 있기 때문이다. 즉 기본권을 제한하는 규정 역시 대부분의 헌법이 가지고 있는데, 우리 헌법 제37조가 그 예이다. 제37조 제2항은 다음과 같이 선언하고 있다.

 국민의 모든 자유와 권리는 국가안전보장·질서유지 또는 공공복리를 위하여 필요한 경우에 한하여 법률로써 제한할 수 있으며, 제한하는 경우에도 자유와 권리의 본질적인 내용을 침해할 수 없다.

본질적인 내용을 침해하는 게 아니라면 법률로써 기본권을 제한할 수 있다는 뜻이다. 요컨대 기본권은 어떤 상황에서든 제한 없이 보장되는 권리가 아니다. 가령 군 복무 중인 청년 A도 양심의 자유는 제한 없이 누리지만, '거주이전의 자유'를 제한 없이 누릴 수는 없다. 이처럼 기본권의 제한 문제를 얘기할 때 자주 등장하는 것이 바로 아동 또는 학생의 권리다.

18세 미만의 학생이나 아동도 국민의 일원으로서 기본권의 주체가 된다는 점에는 전혀 이론이 없다. 하지만 그렇다고 해서 무한정 자유를 용인하는 것도 바람직하지 않다. 가령 '행복추구권'을 이유로 학교에 가지 않겠다고 하는 아이들을 국가가 수수방관할 수만은 없다. 이처럼 학생에게 보장되는 기본권은 성인에게 보장되는 기본권에 비해 그 숫자나 내용에서 제한적일 수밖에 없다.

우리뿐만이 아니라 동서양을 막론하고 대부분의 나라에서 아동에 대해서는 많은 제약이 있었고, 간혹 그 제한의 정도가 심각했던 경우도 있었다. 예를 들면 아동이라는 이유로 일체의 표현의 자유를 인정하지 않고, 교육 목적으로 체벌을 하는 등의 일이 오랫동안 자행돼 왔고, 부당한 줄 알면서도 용인돼 왔다는 점도 부정할 수 없다.

이런 인식에 기초해서 유엔은 1990년 '아동의 권리보호를 위한 협약'을 만들어 반포했고, 우리나라도 1991년부터는 이 협약의 당사국으로 가입해 협약 내용대로 실현해야 할 의무를 지게 됐다. 각 당사국은 5년마다 유엔에 보고서를 제출해 아동의 인권보호를 위해 얼마나 노력하고 있는지 평가받아야 한다. 2000년대 초반만 해도 우리나라에 대한 유엔의 평가는 좋지 않았다. 유엔아동권리위원회의 한 위원은 한국을 한 달간 방문하고 난 뒤 "한국 아동은 아동일 수 있는 권리를 잃은 것 같다"고 지적하기도 했다. 상황이 그런데도 한국 정부는 학교 내에서 아동의 인권보호에 관한 적극적인 조치를 미루면서 2010년을 맞게 된다.

2010년은 아동인권과 관련해서 여러모로 뜻깊은 해였다. 바로 '학생인권조례'가 제정되기 시작한 해이기 때문이다. 2010년 10월 5일 경기도가 최초로 제정하고, 광주광역시가 2011년 10월 28일, 서울특별시가 2012년 1월 26일 순차적으로 조례를 제정했다. 이들

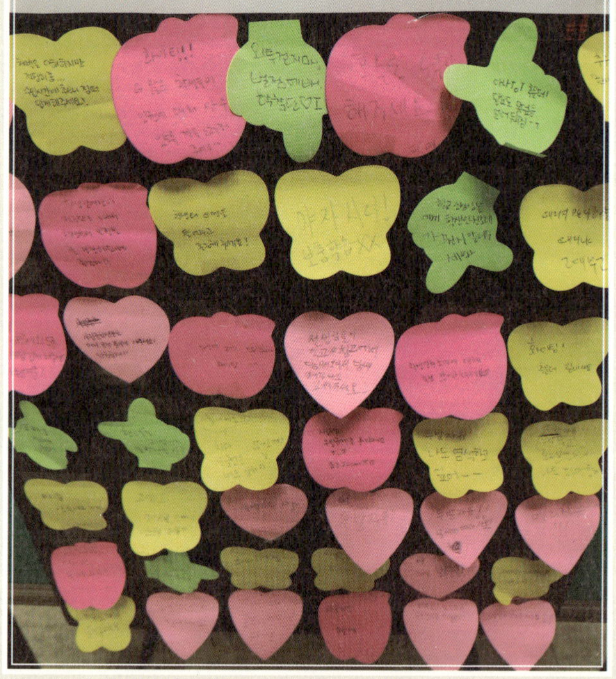

2013년 1월 26일 '서울특별시 학생인권조례 1주년 기념식'이 열린 서울시 교육청 강당 입구에 '학생들이 바라는 학생인권조례!' 게시물이 걸려 있다.

3개 시·도는 학생인권조례의 제정 이유를 "학생의 인권이 학교 교육과정에서 실현될 수 있도록 함으로써 학생의 존엄과 가치 및 자유와 권리를 보장"한다고 못박고 있다.

그렇다면 학생인권조례는 반드시 필요한 것이었을까?

우리나라 5,000만 인구는 아침에 일어나 세수하고 아침을 먹고 하루 일과를 시작한다. 이렇게 몸을 씻고 밥을 먹는 것만큼 중요한 것이 인권을 존중받는 것이다. 그렇다면 학생들은 어떤 인권을 바랄까? 자신이 원하는 머리 모양과 옷차림을 하고, 자유롭게 휴대전화를 사용하고, 남이 함부로 내 소지품 검사를 할 수 없게 하는 것이 우리나라 학생인권조례가 확인하고 보장하려는 것이다. 또한 자유롭게 자신의 생각을 표현하고, 다양한 사상을 접하고, 자신이 원하는 방식으로 삶을 꾸려 나가는 것도 아동에 대한 권리협약이 보장하고 있는 바다. 학생인권조례는 그런 기본적인 인권이 보장되지 않는 현실을 개선하고자 각 시도가 나서서 만든 일종의 지방자치법이다. 절차와 방법, 내용 면에서 부족한 점이 있을지 모르지만 최소한 의미 있는 시도인 것만큼은 틀림없다.

어른들은 보통 청소년들에게 학생 때는 웬만큼 불편한 것은 참고 견디라고 말한다. 머리 염색, 화려한 치장, 휴대전화 사용 등은 성인이 돼서 자유롭게 할 수 있으니 잠깐만 참으라고 한다. 그런 어른들은 학생인권 문제가 제기되면 불편해한다. 인권보장을 내세우며 공부를 멀리하고 다른 데 관심을 쏟을까 봐 걱정하는 것이다.

하지만 학생들의 현재 삶이 미래를 위해 포기한 삶이어서는 안 된다. 학교에 다니는 이 순간도 학생들의 삶은 이어지고 있다. 내일의 행복한 삶을 위해서 지금은 좀 참으라는 말을 무작정 반복할 일이 아니다.

또 학생인권조례가 제정되고 학칙이 바뀐다고 해서 뭐든 하고 싶은 대로 하겠다는 얘기도 아니다. 그런 얘기 자체가 조례에 대한 오해에서 비롯된 것이다. 학생인권조례는 학교생활과 밀접한 두발 및 복장, 소지품 검사, 휴대전화 사용에 있어서 학생들의 목소리를 반영하라는 것이지, 학생들 마음대로 하게 내버려 두라는 게 아니다. 학생들도 참가하는 회의체를 통해서 두발은 어디까지 규제할지, 교복을 입을지 말지, 소지품 검사는 어느 정도까지 허용할지, 휴대전화를 거둬서 보관할지 말지 등을 자율적으로 결정하라고 한다.

이런 과정을 통해 학생들은 중요한 체험을 한다. 바로 '법 만들기'다. 학생들도 학교생활이 어른들의 사회생활과 다르다는 걸 안다. 중고등학교는 대학교에 가기 위한 전 단계라는 점을 부정하는 것도 아니다. 학교란 기본적으로 학습을 하는 공간이므로 어떤 기본권은 제한될 수밖에 없다는 점도 알고 있다. 다만 그 안에서도 최소한의 권리는 보장받고 싶고, 일방적인 교육이 이루어지는 것에 반대할 뿐이다. 학교 안에서 누릴 수 있는 게 무엇인지, 양보하고 포기할 것은 무엇인지 토론과 회의를 통해 결정하기를 바란다. 친구들이나 선생님들과의 협의를 통해서 규칙을 만들어 가는 것 자체가 민주주의와 법치주의 교육의 핵심 내용이다.

"저는 머리 염색을 하고 싶습니다." 어떤 학생이 이렇게 속내를 터놓는다고 치자. 그 말에 다짜고짜 "학생이 무슨 염색이야!"라고 다그칠 일은 아니다. 염색을 허용할지 여부를 안건으로 놓고 토론을 벌여 보자. 아마도 이런 의견들이 나올 수 있다.

- 민호: 머리카락은 신체의 일부입니다. 자신의 신체를 원하는 대로 꾸미는 것은 누가 막을 수 있는 일이 아닙니다.
- 예지: 자신의 몸이라고 해서 몸에 자해를 하는 것까지 용인할 수는 없습니다. 염색은 성장기 학생들에게는 자해와 같은 결과가 됩니다. 학교가 그걸 인정할 수는 없습니다.
- 세희: 휴대전화 사용은 경우에 따라 다른 학생들에게 방해가 될 수 있습니다. 하지만 제 머리가 노랗다고 해서 그게 수업에 방해가 되는 것은 아니잖습니까?

이런 갑론을박이 오가다가 학생들이 알아서 결론을 낼 것이다. 염색을 해도 되는 학교가 될지도 모른다. 부모인 우리들이 원하지 않는 결론이다. 하지만 생각해 보면 우리가 아는 답이 늘 정답이었던 것은 아니다.

아이들은 자라서 어른이 돼 가고 있다. 기본권의 주체가 돼 가고 있다. 그건 어른들이 막을 수 있는 일이 아니다. 학생인권조례는 그 얘기를 하고 싶은 것이다.

편안하게 죽을 자유, 안락사 

사람은 언제 태어나고 언제 죽는 것일까?

너무나 쉬운 문제 같지만 사실 깊이 들여다보면 만족스러운 답을 내기가 어렵다. 사람이 태어나고 죽는 것은 본인만의 문제가 아니기 때문에 특히 법에서 다툼의 대상이 된다. 가령 태아는 아직 사람이 아니라서 태아를 죽이더라도 살인죄가 되지 않지만, 태아가 사람이 되고 나서 죽이면 살인죄가 된다. 마찬가지로 법적으로 사망한 것으로 판명된 사람을 죽이는 것은 살인죄가 아니기 때문에 사람의 사망 시점을 명확하게 해 둘 필요가 있다.

먼저 사람이 태어나는 때, 즉 시기에 관한 문제다.

태아는 엄마 배 속에서 약 10개월을 보내고 밖으로 나온다. 예전에는 태아가 밖으로 나와 스스로 호흡을 시작하는 시점에 사람이 된다고 봤다. 그런데 그렇게 하면 독립호흡 이전에는 사람으로 보지 않는다는 문제가 있다. 그래서 지금은 숨을 쉬지 않더라도 산모의 진통이 시작되면 태아가 사람이 되는 것으로 본다. 바로 '진통설'이다. 이에 따라 진통이 시작된 후에 고의로 태아를 죽이면 낙태가 아니라 살인죄로 처벌받는다. 제왕절개로 출산하는 경우에는 임신부의 배를 가르는 순간 태아가 사람이 된다고 본다. 사람이 되는 시기를 앞당겨서 태아를 두텁게 보호하기 위함이다.

이처럼 어느 시점부터 사람으로 보는가 하는 문제는 두 가지 원칙만 기억하면 된다. 더 복잡한 문제는 사람이 언제 죽는가이다. 사람은 대부분 마지막 순간에 '죽는' 게 아니라 '죽어 가는' 것이기 때문이다.

객관적으로 볼 때 죽은 게 확실하다고 보는 순간은 사람을 이루고 있는 수많은 세포까지 다 죽었을 때다. 세포를 채우고 있던 액체가 밖으로 흘러나와 구더기가 끓게 되는 순간은 백 프로 죽은 게 맞다. 이런 상태를 '세포사'라고 한다.

하지만 세포사 이전에도 사람은 죽어 있을 수 있다. 예를 들면 숨이 끊어진 후에 몸이 굳기 시작하는 걸 '시강(屍殭)'이라고 한다. 예전에는 시강을 죽음으로 봤다. 시강 이전에 피가 한쪽으로 쏠리면서 피부에 붉은 반점이 생기는 단계를 죽음이라고 보기도 했다. 바로 '시반(屍斑)'이다.

문제는 시반이든 시강이든 신체에 그 같은 변화가 생기는 순간은 이미 숨이 끊어지고 나서 한참 후라는 점이다. 그래서 요즘에는 삶과 죽음을 판단하기 위해서보다는 죽은 지 몇 시간이 지났는지를 재는 기준으로 시강과 시반을 확인한다.

일반적으로 사람이 사망한 것으로 보는 시점은 가장 중요한 장기인 심장과 폐가 멈춘 순간이다. 폐가 멈추면서 숨이 끊기고, 심장이 멈추면서 맥박이 멈춘다. 이 두 가지는 거의 동시에 이루어지기 때문에 심장이나 폐가 멈추는 순간을 사람이 죽는 순간으로 보는 것이다. 바로 '심폐사'다.

그러다 20세기 중반 프랑스에서 뇌사, 즉 뇌의 죽음이라는 중요한 발견을 하게 된다. 뇌는 한번 죽으면 다시 살아나지 않기 때문에 뇌가 죽을 때 사람이 죽는다는 주장이 대두됐다. 1968년 8월 9일 세계의사학회가 채택한 시드니선언에서 사망의 시기 결정에 대한 가장 유효한 기준으로 뇌사가 추천돼 지금도 독일에서는 '뇌사설'이 다수설이다. 그런데 한 가지 해결되지 않는 문제가 있다. 뇌가 죽어도 심장이나 폐와 같은 중요한 장기는 살아 있다는 점이다. 뇌가 죽은 사람도 생식기가 발기하고, 심지어 뇌사한 여성이 제왕절개로 아이를 낳기도 한다. 뇌사가 생명활동의 끝이 아니고, 생명체의 죽음이 아닐 수도 있다는 말이다.

이처럼 뇌사를 죽음으로 인정할지 말지는 아직도 말끔하게 해결되지 않았으며, 뇌가 없는 사람도 사람인지에 대한 보다 근본적인 질문을 남긴 채 현재도 토론이 진행 중이다. 그런데 한가하게 토론의 결과를 기다릴 수 없는 사정이 생겼는데, 바로 장기이식 문제다.

심장과 폐가 죽기까지 기다려서는 죽은 사람의 장기를 산 사람에게 이식할 수 있는 가능성이 줄어든다. 심장과 폐가 정지한 후에도 희미하게나마 살아 있는 콩팥이나 각막은 확보할 수 있겠지만, 제일 중요한 심장과 폐는 일단 죽고 나면 살릴 수가 없기 때문이다. 반면에 뇌사를 죽음으로 공식화하면 얘기가 달라진다. 뇌가 죽은 사람에게서 각막은 물론이고 심장과 폐까지 꺼내 다른 사람에게 물려줄 수 있다.

그래서 우리나라도 1999년 '장기 등 이식에 관한 법률'을 제정해 본인의 동의가 있으면 뇌사자에게서 "신장, 간장, 췌장, 심장, 폐, 골수, 안구, 손·팔 또는 발·다리"를 적출할 수 있도록 했다. 다만 장기이식이라는 특별한 목적을 위해서 뇌사 개념을 도입한 것이지, 뇌사 자체를 사망으로 본 것은 아니다. '장기 등 이식에 관한 법률'은 사람을 '살아 있는 사람', '뇌사자', '사망한 사람'으로 나누고 있는데, 뇌사자와 사망한 사람은 다르다는 것을 기본 전제로 깔고 있기 때문이다. 또 장기이식법 제21조도 뇌사자는 "이 법에 따른 장기 등의 적출로 사망"한다고 명시하고 있다. 아직 죽은 사람이 아니라는 것이다.

사람이 태어나는 것에 비해 죽는 것은 명확한 게 없다. 수많은 장기와 세포가 시간을 두고 죽어 가기 때문이다. 그렇다고 그 죽음을 마냥 기다릴 상황도 아니다. 장기를 꺼내서 물려줘야 함은 물론이고, 소생 가망이 거의 없는데 계속 산소호흡기를 달고 심장과 폐가 죽을 때까지 기다릴 수도 없는 노릇이다. 그래서 21세기로 들어서면서 죽음 자체를 앞당기고자 하는 시도가 이어졌다. 뇌사 외에 더 이상 회복 가망이 없어지면 죽은 걸로 보고 치료를 그만두자는 주장이다. 바로 '안락사'의 문제다.

존엄사 또는 안락사란 심폐사나 뇌사가 시작되지도 않았는데, 소생의 가망성이 없는 불치의 환자가 자연적으로 죽을 수 있도록 생명유지 장치를 제거하거나 치료를 중단하는 것이다. 품위 있게 죽음을 맞는다는 뜻에서 존엄사라고도 하고, 죽음에 이르도록 내버려둔다는 뜻에서 안락사라고도 한다. 2016년 2월 3일 제정된 '호스피스·완화의료 및 임종과정에 있는 환자의 연명의료 결정에 관한 법률'은 안락사를 시행하는 것을 '연명의료 중단'이라고 한다.

 50대 남성 A씨는 최근 아내와 함께 나란히 사전연명의료의향서를 등록했다. 중환자실에서 의식불명 상태로 수일간 치료를 지속하다 돌아가신 아버님의 죽음을 겪으면서 필요성을 느꼈기 때문이다. A씨는 "아버님 생전에 연명치료를 하지 않을 것이라고 대화를 나누었고 가족들도 모두 동의한 상태였지만, 현실에 직면해서는 연명치료를 할 수밖에 없는 상황이 됐다"며 "내 가족에게는 다시 이런 일들이 일어나지 않도록 사전연명의료의향서를 작성했

다"고 전했다.

지난 1년 동안 무의미한 연명치료를 하지 않겠다고 미리 의사를 밝힌 사람이 11만 5,000명을 넘어섰다. 같은 기간 연명의료 중단 등 결정에 따라 생을 마감한 환자는 3만 6,000여 명이었다. (이에 따라) 중단 가능한 연명의료의 범위를 기존(심폐소생술, 혈액투석, 항암제 투여, 인공호흡기 착용)보다 확대(체외생명 유지술, 수혈, 승압제 투여)했고, 지난달부터는 사전연명의료의향서를 작성한 사람에게 등록증을 발급해 위급상황 시 환자가 연명의료 의향을 증명할 수 있게 했다.

– "연명의료결정법 1년, 의료현장은 어떻게 변했나"(2019. 2. 8. 쿠키뉴스)

법이 제정돼 시행 중이지만 과연 연명의료를 중단해도 되는지에 대해서는 근본적인 의문이 남아 있다. 바로 사람이 죽음을 정할 수 있는가 하는 문제다. 연명의료 중단이 고민스러운 것은 죽은 줄 알았던 사람이 벌떡 일어나 "왜 나를 죽이려고 그래?"라고 하는 만화 같은 상황 때문이 아니다. "인명은 재천"이라는 선인들 말씀이 걸려서도 아니다. '이제 가망이 없어'라는 판단을 누가 언제 내릴 수 있는지, 그것 자체가 실은 아주 철학적인 물음을 동반하기 때문이다.

심장이 죽을 때 사망하는 건 맞다. 뇌가 죽을 때 사망하는 것도 맞다고 치자. 하지만 그걸 넘어서 소생 가능성이 없다, 라고 선언할 때는 필연적으로 인간의 결정이 개입하게 된다. 이게 위험하다는 것이다. 독일 사람들은 이 문제를 '미끄러운 비탈길(slippy slope)'이라고 표현한다. 자칫 잘못하면 사람의 생명에 대한 자의적인 결정을 내릴 수 있기 때문에, 즉 미끄러운 비탈길에 들어섰다가 잘못하면 너무 많이 내려갈 수 있기 때문에 조심하라고 충고하는 것이다.

2010년 '김 할머니'는 연명치료 중단을 하고도 200일 후에 돌아가셨다. 그분이 결국 다시 살아날 가능성이 있었다고는 생각지 않는다. 하지만 앞으로 연명의료를 중단하게 될 수많은 사람들 가운데 기적적으로 살아날 수 있는 사람이 없으리라는 보장은 없다. 우리의 의학이 완벽한 것도 아닌데, 기적을 너무 빨리 포기하는 건 아닌가 모르겠다. '이렇게 며칠 더 사시는 게 무슨 의미가 있습니까?'라고 말할 수도 있다. 본인도 그렇게 사느니 죽고 말겠다고 일찍부터 동의하는 경우도 있다. 남은 자들에게 부담이 크기 때문에 일찍 호흡기를 떼는 것 자체를 반대하는 것은 아니다. 하지만 그럼에도 인간이 다른 인간의 종말을 결정할 권리는 어디에도 없지 않을까? 그래서 백번 더 신중해야 한다고 믿는다.

다행히 병원이 연명의료 중단 결정 및 이행에 관한 업무를 수행하려면 보건복지부령이 정하는 바에 따라 병원 내에 '의료기관윤리위원회'를 설치하고 이를 복지부장관에게 등록해야 한다. 이 위원회는 5명 이상 20명 이하의 위원으로 구성하고, 비의료인 2명과 해당 기관 소속이 아닌 사람 1명을 반드시 포함해야 한다. 현재 대학병원 등 큰 병원은 거의 100% 등록돼 있지만, 요양병원은 전체의

4% 정도만 등록돼 있는 것으로 알려져 있다.

우리 모두 언젠가는 아프고, 언젠가는 죽을 것이다. 하지만 아파서 가족의 품을 떠나 요양원이나 호스피스 병동에 가는 순간부터 맥박이 멈추는 순간까지도 우리의 삶은 지속되고 있고, 하루하루가 오히려 건강할 때보다 더 소중한 것일 수 있다. '여기서부터는 죽은 거나 다름없다'는 결정을 내리기에 앞서 치료에 최선을 다해야 하는 것은 물론이고, 설령 치료가 불가능하다는 판단이 들더라도 죽어 가는 분들이 평화롭고 안전하게 이 비탈길을 내려가 영면할 수 있도록 세심한 마음으로 끝까지 동행해 드릴 필요가 있다.

하늘이 허락한 수명을 최대한 보장할 것을 목표로 죽음에 임박한 생명을 국가가 관리하는 체제로 전환해야 한다. 아울러 "언제 사람이 죽는 것이냐?"라는 질문에서 "언제 이분을 보내 드릴 것이냐?"로 질문 자체를 바꾸기를 권한다.

그러면 훨씬 더 정확한 판단을 내릴 수 있지 않을까 싶다.

식당 두 곳의 담합 행위

알퐁스 도데의 단편소설집 《물랭에서 온 편지》 중에 〈두 여인숙〉이라는 작품이 있다. 그 내용을 잠시 들여다보자.

도데는 저녁을 먹으려고 둘러보던 중 서로 마주 보고 있는 두 개의 식당을 발견했다. 두 곳의 풍경은 딴판이었다. 한편은 손님이 차고 넘치는데, 다른 편은 손님은 커녕 주인이 있는지조차 의심스러울 만큼 황량했다. 호기심이 발동한 도데는 일부러 손님이 없는 쪽으로 가서 포도주와 저녁을 주문했다. 식사를 하면서 보니 여주인은 건너편 식당만 하염없이 바라보고 있었다. 그때 건너편 식당에서 한 남성의 노랫소리가 흘러나왔다. 그러자 여주인이 말했다. "들어 보세요! 우리 남편 호세예요. 목소리 너무 좋지 않아요?" 새로 생긴 식당에 손님들을 다 뺏기고, 남편까지 그 집에 팔려가 팁을 받고 노래를 부르는 신세로 전락하고 만 것이었다. 그런데도 여주인은 하염없이 남편의 노랫소리만 듣고 있었다.

알퐁스 도데가 목도한 19세기 프랑스는 그런 모습이었다. 세상은 바뀌고 있었다. 경쟁이 세상의 규칙이 됐다. 뒤처지면 남편도 빼앗길 판에 넋 놓고 건너편만 바라보고 있을 때가 아니었다. 여주인에게는 안됐지만 경쟁은 우리가 피할 수 없는 현실이다. 경제학 이론에 따르면 모든 사람이 공정하게 경쟁할 때 세상은 더 윤택해지고 그 열매가 모든 사람에게 균등하게 돌아간다. 여주인은 빨리 다른 일을 찾는 게 낫다. 남편을 따라 건너편 식당으로 가서 주방 일자리라도 알아봐야 한다.

170

19세기가 생각한 해법은 그것이다.

그런데 20세기에 오면서 세상이 이상하게 돌아가기 시작했다. 경쟁이 활발해진 게 아니라 오히려 줄어드는 기현상이 벌어졌다. 가게 주인들이 서로 담합에 나선 것이다. 식당 A는 8프랑 받던 밥값을 10프랑으로 가격만 올리고, 반면에 식당 B는 5프랑을 받으면서 음식의 질을 낮춘다. 그러면 손님들은 A로 갈 때는 2프랑을 더 내야 하고, B에 가서는 5프랑 값어치를 못하는 저녁을 먹어야 한다. 손님에게 돌아가야 할 몫을 자기들이 서로 나눠 가지는 것이다. 아니면 A가 B를 인수해 저녁 값을 양쪽 다 10프랑으로 올린다. 담합은 이렇게 진행된다. 아담 스미스의 말이 맞았다. 장사하는 사람들은 서로 잘 만나지 않는다. 그래도 혹시 만난다면 그냥 밥만 먹지 않는다. 반드시 담합을 한다.

20세기 미국 사회는 경쟁을 제한하는 이런 행위들과 끊임없이 투쟁해 왔다. 미국의 공정거래위원회가 바로 그런 일을 하는 곳이다. 그뿐만이 아니다. 미국 법무부도 경쟁제한 행위를 파헤치고 다닌다. 공정거래위원회는 과징금을 부과하고, 법무부는 행위자를 처벌하는 것으로 호흡을 맞춘다. 두 기관이 힘을 합쳐 미국을 경쟁사회로 유지하는 데 안간힘을 쓰고 있다.

사실 경쟁은 피곤한 일이지만 경쟁이 없으면 정당한 분배가 없다. 즉 일한 사람이 그 값을 못 가져가는 사회가 된다. 비싼 값을 내야 하고, 맛없는 것을 먹어야 한다. 능력 있는 새로운 참가자들을 못 들어오게 한다. 당연히 부당이득이 발생해 부정과 비리가 생겨날 가능성이 높아진다. 국가는 그런 사회를 용인하지 않는다.

사업자의 독점·불공정 행위를 규제하며 공정하고 자유로운 경쟁을 촉진함으로써 기업활동을 조장하고 소비자를 보호함과 아울러 국민경제의 균형 있는 발전의 도모를 목적으로 1980년에 제정한 법이 '독점규제 및 공정거래에 관한 법률'이다. 이 법률이 잘 작동하고 있는지 주의 깊게 살펴볼 필요가 있다. 우리 사회의 기본원칙에 관한 법이다. 누구든 실력과 열정만 가지고 공정한 게임을 할 수 있는지 우리가 우리에게 답할 차례다.

5

미래의
법률가들에게

우리는 태어나는 순간부터 법의 지배를 받는다. '헌법'이 우리를 국민으로서 보호하고, '형법'이 우리의 행위를 감시하고 판단하며, '민법'이 우리의 권리를 지켜 주고 해야 할 일을 알려 준다. 나라가 어떻게 돌아가는지 알려면 '행정법'을 보고, 회사에 투자하려면 '상법'과 '자본시장과 금융투자업에 관한 법률'을 봐야 한다. 세상 돌아가는 질서가 법에 나와 있다. 그 법을 모르고서는 우리 삶을 이해할 수 없다. 몰라도 상관없는 문제가 아니다.

법이 없으면 우리가 발 딛고 있는 땅은 황무지가 돼 버린다. 야생으로 되돌아간다. 권리와 의무도 없어지고, 합의도 물거품이 되고,

우리가 생각하는 질서가 송두리째 무너져 내린다. 그다음 각자 도생의 길밖에 남지 않는다. 폭력과 무질서가 득세하고, 야만과 미신의 세상이 된다. 국가와 정부, 제도와 기관들이 움직이지 않는데, 평안한 삶이 있을 수 없고, 물자와 거래가 있을 수 없고, 풍요가 있을 수 없다. 미래가 불투명해지며, 계획이 무의미해지고, 관계에 대한 신뢰가 사라진다. 어떻게 살아가야 할지 막막한 세상이 돼 버리는 것이다. 법은 그런 의미에서 사회의 기초이자 기본이다.

그뿐만이 아니다. 법은 개인의 역할과 지위를 지정해 준다. 내가 해야 할 임무와 내게 보장된 권리를 알려 준다. 법의 지침에 따라 우리는 주어진 일을 할 것이고, 그 대가로 돈을 벌고, 가정을 꾸리고, 자손을 낳고, 사회와 국가에 공헌하면서, 행복을 추구하면서 자신이 태어난 목적을 달성해 갈 것이다. 법은 삶의 길을 인도해 주는 향도이자 지침이다. 법이 허용하지 않는 바를 하면 벌을 받을 것이고, 법의 명령을 따르면 법의 보호를 받을 것이다.

법은 하늘에서 떨어진 게 아니다. '나'를 포함한 사회 구성원의 합의의 산물이다. 만든 건 다른 사람이 만들었을지 모르지만, 법은 나의 승인과 동의 하에 존재하고 적용된다. 그런 의미에서 나는 사회계약의 당사자다. 법을 알아야 할 권리가 있고 의무가 있다. 법을 모른다고 용서받을 수 없고, 법의 적용이 면제되는 게 아니다. 법은 죽을 때까지 따라다니며 요구하고 명령하고 개입할 것이다. 도덕보다는 법이 먼저고, 믿음보다는 규칙이 우선이다. 그게 우리 사회의 특징이다. 이 사회에서 법을 알아야 하는 것은 하나의 명령이다. 회피하거나 게을리해도 되는 게 아니다. 어려워도 읽어야 한다. 결국 이 법은 자신이 만든 법이기 때문이다.

1688년 네덜란드 공화국의 주주이자 통치권자였던 오렌지 공 윌리엄 3세는 군대를 이끌고 영국으로 쳐들어간다. 가문의 영토인 프랑스 내 오랑주(Orange)가 신교를 믿는다는 이유로 구교도인 루이 14세에게 약탈을 당했고, 이에 대한 응징으로 프랑스와 전쟁을 하기로 한 것이다. 그런데 그전에 영국을 먼저 진압할 필요가 있었다. 그렇지 않으면 지난 1572년처럼 영국-프랑스 연합군의 역공을 받게 될 것이었기 때문이다.

윌리엄 3세는 독일 내 동맹국과 로마 교황의 지원을 받아 테임스 강을 거슬러 함대를 진격시켰다. 대국 영국과 벌이는 일전이기 때문에 엄청난 저항이 있을 거라고 생각했다. 하지만 생각보다 너무 쉽게 전쟁이 끝나고 말았다. 영국은 순순히 나라를 넘겨주었다. 당시 영국인들은 제임스 1세, 찰스 1세, 찰스 2세, 제임스 2세로 이어지는 스튜어트 왕조에 대한 불만으로 가득 차 있었다. 차라리 스튜어트 왕조 출신 '메리'의 남편이 더 나을 수도 있다는 생각을 했다. 바로 오렌지 공 윌리엄 3세다. 메리를 시집보내서 네덜란드 정치에 개입하려던 게 거꾸로, 그 남편의 침략을 유인하는 빌미가 된 것이다.

월리엄 3세가 정복자의 자격으로 의회를 소집했을 때 의회는 그에게 새로운 제안을 한다. 즉 전쟁과 같은 중요한 의사 결정을 함에 있어서는 의회의 동의를 받아야 한다는 것이었다. 영국의 내정에는 관심이 없던 월리엄 3세는 '그러마'라고 답한다. 왕의 의사 결정에 입법기관인 의회의 동의를 얻는다는 조건으로 월리엄 3세가 왕위에 오른 것이다. 이것을 '명예혁명'이라고 부른다.

영국 왕 월리엄 3세는 영국에서 가장 인기 없는 왕이었다. 그런데 그의 진짜 공헌은 거기 있었다. 줄줄이 나오는 별로 왕 같지 않은 왕 가운데 그가 시조였다는 점이다. "군림은 하되 통치하지 않는" 왕의 계보를 연 사람이 바로 월리엄 3세다.

1688년은 영국사뿐만 아니라 유럽사와 세계사에서 의미 있는 해였다. 바로 '법의 지배'가 제도화되기 시작한 시점이었다. 이전까지 법은 통치의 수단이었지, 통치의 근거가 아니었다. 그런데 1688년을 기점으로 영국 정치의 주도권이 넘어가기 시작했다. 왕도 마음대로 권력을 행사하지 못하고 입법권자인 국회가 제정한 법률의 수권을 받아야만 했다. 사람의 통치가 끝나고 법의 통치가 시작된 것이다.

그 후로 300년이 넘는 세월이 흘렀다. 그동안 법의 지배가 후퇴하고, 독재자들이 득세한 적도 없지 않았다. 하지만 인류는 그 도전을 슬기롭게 극복하고 법치국가를 완성했으며, 법의 지배를 이념으로 선포하며 오늘에 이르고 있다.

이제는 우리에게 법 이상의 권력은 없다. 모든 권력은 헌법을 포함한 법에서 나온다. 왕도, 대통령도, 국무총리도, 각부 장관도 전부 법에 따라야 한다. 법을 거스를 수 없다. 국회의장도 국회의원도 마찬가지고, 판사도 검사도 마찬가지다. 법이 정한 것과 다른 결정을 내리기가 쉽지 않다. 법을 어기는 권력은 지지를 받을 수 없다. 오히려 저항과 타도의 대상이 된다. 당장 법망을 피하고 있을 뿐이지 법에 반할 수는 없다.

법이 지배하는 세상에서는 법의 명령이 최우선이다. 누구든 법을 지키지 않으면 제재를 받는다. 범죄 피해를 입으면 수사기관에 고소하고, 손해를 입으면 민사소송을 제기하고, 부당한 처분에 대해서는 행정심판과 행정소송을 제기한다. 고위 공무원의 불법과 비리를 보면 탄핵소추를 요구할 것이고, 국가의 직무유기와 법률 위반에 대해서는 법원에 고발할 것이다. 모두가 법의 감시자가 되어, 법의 근거 없이 세금을 낭비하거나 자의로 부당한 권력을 행사하는 자들에 대해서는 법의 심판을 받도록 할 것이다.

인류가 여기까지 오는 데 수백 년의 세월이 걸렸고, 그 사이 수많은 사람이 목숨을 잃었으며, 격렬한 투쟁이 이어졌다. 그 목표는 하나였다. 이성과 상식에 부합하는 법을 만들어 지키고, 궁극적으로 법이 세상을 지배하게 하는 것이었다. 그런 의미에서 법은 인간이 옹립한 가장 믿을 만한 통치자이며, 지금은 법이 군주인 시대다.

여러분 모두 미래의 법률가로서 국가와 사회 발전에 공헌하게 되기를 바란다. 그런 뜻에서 꼭 하나 당부하고 싶은 것이 있다. 정의로운 법을 만들고 지키는 진짜 법률가가 돼 달라는 것이다.

"혹시 직업이…?"

이런 질문을 받으면 곤혹스럽다. 사실대로 "변호사입니다"라고 대답했다간 "아, 그러세요!"라며 슬금슬금 피할 수 있다. 소문 내고 다닐지도 모른다. 변호사가 이사 왔어요! 다들 조심합시다! 하면서. 미국인들은 이웃에 변호사를 두는 것보다 칼 든 강도를 두는 게 낫다고 한다. 셰익스피어는 우리가 가장 먼저 할 일은 모든 변호사를 죽이는 거라고 했다. 법률가들은 인심을 많이 잃었다. 프랑스 혁명이 발발했을 때 사람들은 폭군 루이 16세와 마리 앙투아네트보다 판사들을 먼저 죽였다. 지금도 교수들 중에 가장 말이 안 통하는 교수가 법학교수다. 그들은 모든 문제를 법률 문제로 바꾼다. 그런 다음 다들 아무것도 모르는 사람 취급을 한다.

이런 악평과 비아냥이 일반인들의 상식이다. '법과 정의'를 붙여 쓰는 건 법률가들밖에 없다. 법이 정의로운 사회를 만든다고? 안타깝게도 수긍할 사람이 별로 없다. 법은 늘 힘 있는 자들의 편이라는 걸 보고 들어서 잘 알고 있다. 법은 국민들에게 희망보다는 절망을 주었다. 가장 정의로워야 할 법조계가 전관예우와 학연, 지연에 더 많이 물들어 있다.

자, 이제 긴 싸움을 시작할 때가 됐다. 법을 다시 세워야 한다. 올바른 법이 세상을 지배하도록 해야 한다. 이성과 상식의 눈으로 볼 때 정당하면 법에서도 정당해야 한다. 그게 맞지 않을 때는 법을 고치는 게 맞다. 법을 고치는 것은 사건도, 특별한 일도, 아무것도 아니다. 서구의 모든 나라에서 그것은 일상이다. 사람들의 생각과 다른 법을 용인할 이유가 없다. 법이 검증의 대상이지, 우리의 생각이 검증의 대상이 아니다. 너무 꼭 끼지도 않게, 또 너무 헐겁지도 않게, 우리를 대표할 법을 다시 만들어 가야 한다.

법은 오기도 많고, 허점도 많고, 오역도 많다. 편견과 독단이 지나칠 때도 있다. 그럼에도 법이 혼자 변하지는 않는다. 우리가 끊임없이 고치고 다듬고 바꿔 나가야 한다.

근대국가를 세운 지 겨우 70년밖에 되지 않았다. 그 가운데 반은 군인들이 총칼로 다스렸다. 법은 들러리였다. 진정한 법치를 시작한 건 30년 남짓 된다. 법의 지배를 말한 것도 비슷한 시점이다. 서구 사회는 수백 년 동안 다져 온 길이다. 우리는 이제 겨우 시작했을 뿐이다.

이제라도 겸허하게 공부하고 반성하면 된다. 우리의 법이 우리의 상식에 부합하고, 우리가 자랑할 정의로운 지침이 되게 하면 된다.

법률가로서 자존심을 회복해야 한다. 법률가마저 정의를 말하지 않으면 세상에는 희망이 없다.

변호사는 일을 시작하기에 앞서 다음과 같이 선서한다.

 나는 이제 대한민국의 변호사로서 인권옹호와 사회정의의 실현을 위하여 첫발을 내딛고자 합니다.

나는 자유와 정의를 사랑하고 진리와 정의를 추구하는 변호사가 되기 위하여, 용기와 예지와 창의를 바탕으로 성실하고 공정하게 직무를 수행할 것이며, 법률문화 향상과 민주적 기본질서의 확립을 위하여 노력할 것을 굳게 다짐합니다.

법은 강력한 만큼 위험한 물건이다. 횟집 주방에서 칼을 잡으려면 적어도 2년은 허드렛일을 하면서 참을성과 성실성을 검증받아야 한다. 아무에게나 맡길 수 있는 일이 아니다. 법이 그렇다. 법률가로서 법을 다루기 전에 자신을 깊이 성찰하고 반성하며 세상에 대한 충성심과 겸허한 품성을 갖춰야 한다. 그런 다음 법 공부를 해야 공부가 독이 되지 않는다.

법도 결국은 사람들의 삶에 봉사하는 것이다. 어떻게 하면 공정한 세상이 될 수 있을까? 어떻게 하면 열심히 일하는 사람들이 잘사는 세상이 될 수 있을까? 그 해답의 일부분이라도 내 줄 수 없다면 법은 독일의 법철학자 라드브루흐(1878~1949)가 말한 대로 '휴짓조각'만도 못한 것이 될 것이다. 법률가들은 법을 파는 장사꾼과 다름이 없다.

법이 없을 때 로마는 그저 테베레강 가에 서 있는 작은 마을에 지나지 않았다. 늑대 젖을 먹고 자란 형제가 지배하는 하나의 권력일 뿐이었다. 그 안에서 풍요롭고 안정된 삶이 보장될 리 없다. 그런 의미에서 로마에서 법이 발달한 것은 다행이고 축복이다. 로마법이 로마를 정의롭게 하고, 평화롭게 하고, 사람들이 몰려드는 위대한 제국으로 탈바꿈시켜 준 것이다.

5,000만이 넘는 인구가 3만 달러 이상 버는 나라는 전 세계에 일곱 나라밖에 없다. 그 안에 우리나라가 들어갔다는 것은 당연히 자랑스럽고 놀라운 일이다. 이제 우리는 갈림길에 섰다. 이 번영의 기운을 계속 이어 나갈지, 아니면 이 입구에서 돌아나가 2류 국가로 전락하고 말지는 우리가 어떻게 하느냐에 달려 있다.

지금 이 시점에서 가장 큰 적은 내부에 있으며, 그것은 아마도 '부정과 부패'일 것이다. 정의가 강물처럼 흐르는 살기 좋은 사회로 가는 위대한 길을 향해 떠날 시간이다. 미래의 법률가들에게 거는 기대가 그 어느 때보다 벅차고 절실하다.

• 영화

〈나의 사촌 비니〉, 1992년작, 조나단 린 감독

〈변호인〉, 2013년작, 양우석 감독

〈소수의견〉, 2015년작, 김성제 감독

〈에린 브로코비치(Erin Brockovich)〉, 2000년작, 스티븐 소더버그 감독

• 책

《민법입문》, 양창수 지음 (박영사, 2018)

《법정의 역사》, 황밍허 지음, 이철환 옮김 (시그마북스, 2008)

《불멸의 신성가족》, 김두식 지음 (창비, 2009)

《서초동 0.917》, 김희균 외 지음 (책과함께, 2012)

《한국인의 법과 생활》, 법무부 지음 (법무부, 2019)

《확신의 함정》, 금태섭 지음 (한겨레출판, 2011)

• 사이트

lawnorder.go.kr

법사랑 사이버랜드, 법무부의 법교육 프로그램

lawedu.or.kr

한국법교육센터, 법무부 지정 법문화진흥센터

klacedu.or.kr

대한법률구조공단 법문화교육센터

studentrights.sen.go.kr

서울시교육청 학생인권교육센터

edu.humanrights.go.kr

국가인권위원회 인권교육센터

사진 출처

21쪽 Wikimedia Commons

24쪽 Wikimedia Commons

39쪽 Wikimedia Commons

41쪽 Wikimedia Commons

51쪽 Wikimedia Commons

54쪽 flickr.com

64쪽 Wikimedia Commons

81쪽 Wikimedia Commons

99쪽 HELLO PHOTO by 연합뉴스

131쪽 Wikimedia Commons

158쪽 HELLO PHOTO by 연합뉴스

찾아보기

10대에게 들려주는 법 이야기

왜 법이 문제일까?

1판 1쇄 인쇄 2026년 1월 2일
1판 1쇄 발행 2026년 1월 15일

—

지은이 김희균

—

펴낸이 백성빈
펴낸곳 반니출판
주소 서울 서초구 서초중앙로 69 806호
전화 02-6204-0491
전자우편 banni@banni.co.kr
출판등록 2025년 10월 13일 (제2025-000266호)

—

ISBN 979-11-996528-3-5 43300

—

책값은 뒤표지에 있습니다.
잘못된 책은 구입하신 곳에서 교환해드립니다.